教育と教育行政の法理論

安達 和志

はしがき

本書は、筆者が大学院生時代に教育法の研究を始めて以来、長年にわたって様々な形で発表してきた論考の中から、主要なものを整理して一書にまとめた論文集である。筆者の大学教員としての本務にかかわる主な専門分野は行政法であり、これまで行政法関係の授業を多く担当してきたが、研究生活においては、当初から〝二足の草鞋を履く〟という形で教育法の研究にも鋭意とりくんできた。二〇〇四年度に法科大学院へ移籍して以来、本業である行政法の講義・演習のほかに、それまでの〝副業〟を生かして法曹志望の学生を相手に初めて教育法の授業を行い、さらに法学部に復帰した二〇一九年度からは、学部でも教育法の講義やゼミナールを担当させてもらえるようになっている。教育法に関する論考は、自らの関心や発意に基づいて計画的に執筆したものだけでなく、その時々に企画された出版物の編集者等からの求めを契機として、種々の文献・資料にあたり、思考を重ねて論文にまとめたものも少なくない。そのようにして進められてきた筆者の教育法研究の中心的なテーマは、教育法の体系的な内容項目の中でも、①教育行政権の限界論、②教育の地方自治論、③教育情報の公開・開示論、④義務教育制度論の四つに大まかに分類することができる。そこで本書では、これに応じた四部編成にして、各々の部に相当する論考を内容にそくして順序だてて配置することとした。

本書の各章のもとになっている論文の原題および発表時の掲載誌などは末尾の初出一覧に掲げたとおりであ

り、これらを整理するにあたって必要な加筆・修正を行ったが、各々の論考はそれぞれ発表当時の時代背景を前提に執筆したものであるため、補正は最低限の範囲にとどめている。とりわけ引用している法令等の条文についていては、その後に改正されているものも少なくないが、前後の文脈や参照文献との整合性等への考慮から、原則として発表当時の法令等の条文のままとし、各章の最後に追記として現行法の条文等との対照を明示することにした。

筆者が教育をめぐる法問題に初めて興味をもった契機は、重要な教育裁判の一つとして知られる〝教科書裁判〟であった。教科書検定の違憲・違法性を争う家永訴訟（第二次訴訟）の第一審東京地裁判決（いわゆる〝杉本判決〟）が出た一九七〇年の当時、高校生であった筆者は、子どもの学習権をはじめ国民の教育権を高らかに謳いあげた同判決の報道に心を躍らせた覚えがある。大学に入学して間もない頃に読んだ岩波新書『国民の教育権』（兼子仁著）の内容に魅せられて、ますます教育法への関心が強まり、卒業年次になっていろいろ考えた末に研究者への道を志して東京都立大学大学院へ進学し、兼子仁先生に師事することになった次第である。

教育法学に関する全国的研究組織である日本教育法学会が一九七〇年に創立されたことは後から知ったのであるが、日本の教育法学は草創期にあり、東京都立大学では学部横断的な教育法のゼミが開かれていて、学外者や大学院生を交えた参加者同士の自由闊達な議論に大いに刺激を受けたものである。またその頃、同学会の事務局長を務められていた兼子先生の研究室には、教育法学界の第一線に立たれていた永井憲一先生、平原春好先生、神田修先生などの先生方が出入りされており、若輩である筆者にも親しく接してくださるとともに、時折り開かれる事務局会議では末席で学界の最先端のお話を伺うことができた。こうした幸運な環境に浴することがなければ、筆者が教育法への問題意識を高め、研究を深化させるのは困難であったと思う。とりわけ兼子先生には、今日に至るまで、言葉では言い尽くせないほど懇切なご指導を受け、書物だけでは読みとれない学問の要諦に関わるご教示を賜ってきた。生来の怠惰でその学恩に未だ十分なお返しができていないことに忸怩たる思いがあるが、遅ればせながら本書をもって先生への細やかな感謝のしるしとしたい。そのほか、同門の個性的な先輩の方々、教育法関係の研究会等を通じてお世話になった方々からも、日頃より貴重なご指摘やご助言を頂戴しており、この機会に御礼を申し上げる。

本書は神奈川大学法学研究所の出版助成を受け、神奈川大学法学研究所叢書として刊行される。同研究所からご支援を賜り、叢書の一つとして位置づけてくださったことに謝意を表したい。末筆ながら、出版事情の厳しい中で本書の出版を快くお引き受けいただいたエイデル研究所、そして担当者として生硬な原稿に丹念に目を通し、記述の重複チェック、表記の統一等から装本の体裁までご配慮くださった同所出版・広報企画部の大園早紀さんに心から謝辞を申し述べる。

二〇二一年二月

安達和志

目次

第一部

教育の自由と教育行政権の限界

第一章　教育基本法が定める教育への「不当な支配」禁止の意義

はじめに

戦後教育改革の所産として一九四七（昭和二二）年に制定された教育基本法（以下、「旧教基法」という。）は、「教育行政」という見出しを掲げた第一〇条において、次の内容を規定していた。

第一項「教育は、不当な支配に服することなく、国民全体に対し直接に責任を負つて行われるべきものである。」

第二項「教育行政は、この自覚のもとに、教育の目的を遂行するに必要な諸条件の整備確立を目標として行われなければならない。」

同法は、日本国憲法の教育条項と一体になって、戦後のわが国の教育法制の骨格を形成してきたものであり、憲法・教育基本法体制と称されてきた。これに対し、二〇〇〇（平成一二）年に、森内閣のもとで教育改革国民会議の最終報告により同法の見直しが提言されたことを直接の契機として、二〇〇六（平成一八）年に同法を全部改正する新教育基本法が成立した。

本章では、二〇〇三（平成一五）年三月二〇日に出された中央教育審議会答申「新しい時代にふさわしい教育基本法と教育振興基本計画の在り方について」（以下、「中教審答申」という。）をもとに、そこで提案された旧教基法一〇条の具体的な改正方針の概要を摘示するとともに、同規定がもっていた法的意義にそくして、改正提案のねらいとその問題点を検討する。なお、その際、国が新たに策定を企図した「教育振興基本計画」の問題が、この改正提案の内容と重要な関わりをもつとみられるが、これについては、紙幅の関係から必要最小限の範囲で触れるにとどめたい(1)。

一　中教審の旧教基法一〇条改正案

中教審答申は、その第2章「新しい時代にふさわしい教育基本法の在り方について」の中で、2(3)「国・地方公共団体の責務」との標題のもとに、旧教基法一〇条改正の具体的な方向として次の三点を挙げた。

○教育は不当な支配に服してはならないとする規定は、引き続き規定することが適当。
○国と地方公共団体の適切な役割分担を踏まえて、教育における国と地方公共団体の責務について規定することが適当。
○教育振興基本計画の策定の根拠を規定することが適当。

さらに、その説明として次のように述べていた。

まず、一〇条一項に関しては、「教育行政の在り方については、現行法は、教育は不当な支配に服してはならないとの原則とともに、教育行政は必要な諸条件の整備を目標として行われなければならないことを定めている。前者については、引き続き規定することが適当である。」として、二〇〇二年一一月一四日の中教審中間報告と同じく、不当な支配禁止は基本的に維持することとしている。

他方、一〇条二項に関しては、「教育行政の役割については、地方分権の観点から国と地方公共団体が適切に役割分担していくことが重要となっていることを踏まえて、教育における国と地方公共団体の責務について規定することが適当である。なお、『必要な諸条件の整備』には、教育内容等も含まれることについては、既に判例により確定していることに留意する必要がある。」とする。この箇所は、中間報告では、「……『必要な諸条件の整備』の内容に関しては、その解釈について過去様々な議論が行われたが、既に判例により解釈が確定しているという経緯を踏まえ、国、地方公共団体の責務を含めた教育行政の基本的な在り方を示すという新しい視点から規定することが適当と考える。」とされていた。それとの比較では、地方分権改革をふまえて、教育行政の分野における国と自治体との役割分担原則を明確化することを改正趣旨のより正面に掲げることとなってはいるが、教育内容等に対する国家の関与が認められる旨を明文化する改正への企図も示唆されている。教育振興基本計画については、「教育基本法に規定された理念や原則を実現する手段として、教育振興に関する基本計画を策定する根拠となる規定を、教育基本法に位置付けることが適当である。」とした。

二　旧教基法一〇条の意義と改正案の検討

旧教基法は、戦前日本の教育が強い国家支配のもとに置かれてきたことへの反省から制定されたものであるが、とりわけ一〇条は、「教育と教育行政との関係についての基本原理を明らかにした極めて重要な規定」（北海道・旭川学力テスト事件に関する最高裁昭五一・五・二一大法廷判決[2]、以下、「最高裁学テ判決」という。）であって、教育への政治的・行政的な支配介入の排除を定めたものとして、これまでの教育裁判においてもしばしば旧教基法一〇条に違反する国家行為を違法とする判断が示されてきた。旧教基法一〇条には、このような裁判規範としての効力をもつ法規たる性質が認められてきたという点において、特別の意義がある。したがって、その改正論を検討するにあたっては、同条のこうした法規範的意義を十分ふまえておくことが格別に重要だといえよう。

（二）「不当な支配」の禁止

旧教基法一〇条一項は、「教育は、不当な支配に服することなく、国民全体に対し直接に責任を負つて行われるべきものである。」と定めており、これは教育に対する「不当な支配」を禁止し、教育の自主性を保障する趣旨と解されてきた。ここにいう「不当な支配」の最たる主体は、同項の成立の趣旨等に照らして国の教育行政にほかならないとする教育法解釈に対して、その主体とは特定の政党党派や組合その他の団体等を主に意味するものであって、教育行政はそこに含まれないとする文部行政解釈との間でかねてより論争があった。しかしながら、同項が法令に基づく国や自治体の教育行政機関の行為にも適用があることは、判例上は確定ずみであるといわなければならない。

最高裁学テ判決は、次のように述べていた。旧教基法一〇条一項「が排斥しているのは、教育が国民の信託にこたえて……自主的に行われることをゆがめるような『不当な支配』であって、そのような支配と認められる限り、その主体のいかんは問うところでな」く、「教育行政機関が行う行政でも、右にいう『不当な支配』にあたる場合がありうることを否定できず、……教育行政機関がこれらの法律を運用する場合においても、……教基法一〇条一項にいう『不当な支配』とならないように配慮しなければならない拘束を受けているものと解される」。

同項に関する様々な改正論の中には、禁止される「不当な支配」の主体を一部の政党や団体等に明文で限定しようとする動きもみられたが、中教審の改正案は、結論的にそのような議論には与しなかったとみるべきであろう。ただし、同項を現行どおりとして一切改正を行わない趣旨かどうかは必ずしも明らかでない。とりわけ改正案では、「不当な支配」の禁止とともに規定された直接的教育責任（教育の直接責任性）の意義に関しては、全く言及がされていない。このことをどのように理解すべきかは、なお注意深く考察していく必要があろう。

（二）教育内容に関する条件整備行政の限界

旧教基法一〇条二項は、「教育行政は、この自覚のもとに、教育の目的を遂行するに必要な諸条件の整備確立を目標として行われなければならない。」と定めていた。これは、同条一項による教育の自主性保障をうけて、教育行政が、教育それ自体でなく、教育条件の整備に任ぜられるべきものであることを宣明したものと解されてきた。教育法学の通説によれば、ここにいう「必要な諸条件の整備」とは、主として教育施設の設置管理、教員配置等のいわゆる教育の外的事項に関するものを指し、教育課程、教育方法等のいわゆる内的事項については、原則として法的拘束力をともなわない指導助言にとどめられるべきものとされる。教育の内的事項に関してはおよそ条件整備的教育行政が認められないわけではないが、教育行政には教育の自主性を積極的に擁護することがまずもって原理的に義務づけられている以上、教育内容に関する行政は教育専門的水準の高い指導助言によってその通用力を担保されるべきものである、とするのである。この点、教育行政の対象と性質に関するこうした教育内・外事項の区別を否定する文部行政解釈とで、見解が分かれてきた。

これに対して最高裁学テ判決は、次のように判示したのであった。「教基法一〇条は、国の教育統制権能を前提としつつ、教育行政の目標を教育の目的の遂行に必要な諸条件の整備確立に置き、その整備確立のための措置を講ずるにあたっては、教育の自主性尊重の見地から、これに対する『不当な支配』となることのないようにすべき旨の限定を付したところにその意味があり、したがって、教育に対する行政権力の不当、不要の介入は排除されるべきであるとしても、許容される目的のために必要かつ合理的と認められるそれは、たとえ教育の内容及び方法に関するものであっても、必ずしも同条の禁止するところではない」。先に引用した中教審改正案の説明で、「『必要な諸条件の整備』には、教育内容等も含まれることについては、既に判例により確定している」と書いているのは、前述の判示を念頭に置いたものであるが、この説明は一面的にすぎ、誤解を招く表現であるといわなければならない。

同判決は、たしかに教育内容・方法等に対する国の関与権を一定範囲で認めてはいるが、同時に、次のように教育内容への国家的介入が抑制的でなければならないことをも注意深く説示している。「政党政治の下で多数決原理によってされる国政上の意思決定は、さまざまな政治的要因によって左右されるものであるから、本来人間の内面的価値に関する文化的な営みとして、党派的な政治的観念や利害によって支配されるべきでない教育にそのような政治的影響が深く入り込む危険があることを考えるときは、教育内容に対する……国家的介入についてはできるだけ抑制的であることが要請され」、「子どもが自由かつ独立の人格として成長することを妨げるような国家的介入、例えば、誤った知識や一方的な観念を子どもに植えつけるような内容の教育を施すことを強制するようなことは、憲法二六条、一三条の規定上からも許されない」。

同判決以降に出された各種の教育裁判における判例の中にも、最高裁学テ判決を引用しながら、同判決が慎重に付していた教育内容への国の介入抑制原則の部分を無視ないし軽視している例が少なからず存在する。(3) 中教審改正案の説明が同判決の趣旨を援用しようとするのであれば、たんに条件整備行政に「教育内容等も含まれる」というのではきわめて不十分で、指導助言を超えた教育内容権力行政は限定された範囲でのみ認められるとされたことに格別に留意する必要があったといえよう。もし一〇条二項の改正案が、介入抑制の原則をともなわない教育内容行政を明記するものとなれば、逆に最高裁学テ判決の趣旨と甚だしく乖離する恣意的な改変として、強い批判を免れまい。

(三)　もともと含まれている教育の地方自治原理

中教審の改正案は、教基法一〇条二項につき、「国と地方公共団体の適切な役割分担を踏まえて、教育における国と地方公共団体の責務について規定する」として、地方分権という新しい視点からの改正提案であることを強調している。

この点、旧教基法にはたしかに教育の地方自治に関する明文の規定はないが、すでに最高裁学テ判決が次のとおり説いていたことが注目されてよい。「現行法制上、……教育に関する地方自治の原則が採用されているが、これは、戦前におけるような国の強い統制の下における全国的な画一的教育を排して、それぞれの地方の住民に直結した形で、各地方の実情に適応した教育を行わせるのが教育の目的及び本質に適合するとの観念に基づくものであって、このような地方自治の原則が現行教育法制における重要な基本原理の一つをなすものであることは、疑いをいれない。」これは地方自治法、地方教育行政の組織及び運営に関する法律等の関係規定の総合解釈によった判示であるが、教育法学説は、旧教基法一〇条一項にいう直接的教育責任の原理の中に教育の地方自治（文化的な地域教育自治）が含意されていると条理解釈してきたのであった。

改正案が設けようとする国と自治体との役割分担に関する原則は、すでに地方自治法一条の二にその一般原則が規定されている。したがって、それと全く同じ趣旨を教育行政にそくして定めるというだけであれば、あえて旧教基法一〇条二項を改正しなければならないというほどの積極的理由にはなりがたい。加えて、そこにいう「適切な役割分担」の中身が不明確なままであるため、国の役割を限定し、自治体の自主性を保障するといった機能もさして期待できないように思われる。

三　「教育振興基本計画」批判

旧教基法一〇条に関する中教審改正案には、国が「教育振興基本計画」を策定するための根拠規定を新たに設けることが謳われている。この「教育振興基本計画」は、おおむね五年間を計画期間とした教育に関する政府全体の総合的・体系的な施策計画とされる。中教審答申は、「第3章　教育振興基本計画の在り方について」の中で、その基本的考え方について次のように述べている。「教育振興基本計画では、教育の目標と、その目標を達成するための教育改革の基本的方向を明らかにする必要がある。」また、「計画の策定に際しては、教育における地方分権、規制改革を一層推進するとともに、教育の機会均等や全国的な教育水準の維持向上を図る観点から、国が責任を負うべき施策と地方公共団体が責任を負うべき施策とを明確に区別した上で、相互の連携・協力が図られるように」し、「……行政と民間との間の適切な役割分担、連携・協力にも配慮することが大切である。」

この「教育振興基本計画」構想に対しては、まずもって以下の問題点を指摘しておくこととしたい。第一に、答申に例示されている「これからの教育の目標」をみれば明らかなように、教育目標の設定が、時々の政治・社会状況を背景にして、五年という短期のサイクルでほとんど無制約になしうるということである。これは、教基法前文や一条の改正を待つまでもなく、法律的根拠をもつ教育振興基本計画で国が「教育目標」をいかようにも決められる体制をつくることを意味する。その計画策定は、政治的介入への歯止めを欠いたまま、教育内容への国家関与の限界を超え出る危険が大であるといわなければならない。

第二に、計画の策定主体と策定手続が明らかでなく、その重要性が十分に意識されていないことである。多分に教育内容にかかわる政府全体計画との位置づけであればなおのこと、教育の政治的・行政的中立性に照らして、策定を行う組織・機関の独立第三者性の保障と策定手続の公正・透明性の確保が必須であろう。その際には、教育専門性の尊重と教育民主主義の実現（プロフェッショナル・リーダシップとレイマン・コントロール）の観点が不可欠の基本条件になると考えられる。

前述したように、教育行政には教育の自主性を積極的に擁護することが原理的に義務づけられ、他方で教育条件の整備確立が教育行政の目標とされることに留意するならば、学級規模の縮小、学校施設設備等の安全基準づくりをはじめとした教育外的事項に関する総合的・体系的な「教育条件整備計画」こそが、現行教育法制において真に必要とされているというべきであろう。

（1）教育振興基本計画について詳しくは、安達和志「教育基本法一七条一項」日本教育法学会編『必携新教育基本法コンメンタール』（学陽書房、二〇二一年）参照。

（2）最大判昭五一・五・二一刑集三〇巻五号六一五頁、判例時報八一四号三三頁、判例タイムズ三三六号一三八頁。

（3）参照、成嶋隆「最高裁学テ判決以後の教育判例の展開—教科書判決を中心として」市川須美子・安達和志・青木宏治編『教育法学と子どもの人権』（三省堂、一九九八年）二四頁以下。

第二章　自治体行政による「不当な支配」の問題

はじめに

教育基本法（以下、「教基法」という。）一六条一項は、「教育は、不当な支配に服することなく、この法律及び他の法律の定めるところにより行われるべきものであり、教育行政は、国と地方公共団体との適切な役割分担及び相互の協力の下、公正かつ適正に行われなければならない。」と規定している。この前段に定められた教育に対する「不当な支配」禁止条項は、旧教基法一〇条一項を継承するものであり、そこには、教育が他者からの政治的・党派的な干渉等を受けることなく自主的に行われなければならないという教育の自主性保障の原理が含意されている。

このような教育に対する「不当な支配」禁止をめぐる解釈問題の一つとして、自治体の行政機関が所管公立学校の教育活動に関して具体的な指示・命令を行った場合、教育の自主性を損う「不当な支配」に当たらないかが、教育裁判や現実政治における今日的な重要論点となっている。近年注目されている〝日の丸・君が代裁判〟でも主要争点の一つに挙げられ、被告・自治体側が教育委員会の包括的な学校管理権に基づく正当な権限行使とするのに対し、原告・教師側は、教育に対する「不当な支配」に該当し違法と主張していた。

一　「不当な支配」の主体としての自治体行政機関

旧教基法下における「不当な支配」の主体に国や自治体が含まれるかについては、最高裁学テ判決が次のように判示する。すなわち、教基法一〇条一項「が排斥しているのは、教育が国民の信託にこたえて……自主的に行われることをゆがめるような『不当な支配』であって、そのような支配と認められる限り、その主体のいかんは問うところではないと解しなければならない。それ故、論理的には、教育行政機関が行う行政でも、右にいう『不当な支配』にあたる場合がありうることを否定でき」ないとし、「教基法一〇条一項は、いわゆる法令に基づく教育行政機関の行為にも適用がある」とする（最大判昭五一・五・二一）。この判示にいう「教育行政機関」は、国の教育行政機関を主に念頭に置いたものであるが、事の性質上、自治体の教育行政機関はもちろんのこと、教育行政機関以外の国や自治体の行政機関も当然に含まれると解される。そして、この解釈は、現行の教基法でもそのまま通用するといえよう。

二　自治体の教育行政機関と所管公立学校との関係

自治体の教育行政機関である教育委員会（以下、「教委」という。）が、その所管公立学校の具体的な教育活動に関し、必要に応じて個別的かつ詳細な指示・命令まで行うことができるとする主張の法律上の根拠をめぐって、地方教育行政の組織及び運営に関する法律（以下、「地教行法」という。）二三条の規定の解釈等が重要な争点となっている。

（二）地教行法二三条（教委の学校管理権）の解釈問題

1　教委の包括的な学校管理権論の主張とその根拠

(a)地教行法二三条は、「教育委員会の職務権限」という条文見出しのもとに、教委が管理・執行する事務について、学校の教育編制・教育課程・学習指導に関することなど、一九項目をリストアップしている。そこで、文部行政筋の解釈によれば、この規定により、教委には、所管公立学校に対するこれらの職務権限事項のすべてにつき包括的で無限定の支配権が授権されている[4]。これは、教委の学校管理権に関する包括的支配権説と称されよう。

(b)〝日の丸・君が代裁判〟では、この考え方を補強するものとして、最高裁学テ判決の一部をなす次の判示が援用される。「市町村教委は、市町村立の学校を所管する行政機関として、その管理権に基づき、学校の教育課程の編成について基準を設定し、一般的な指示を与え、指導、助言を行うとともに、特に必要な場合には具体的な命令を発することもできると解するのが相当である」。

2　教育法学説の立場からの批判とその論点

こうした地教行法二三条の文部行政解釈に対しては、教育法学説から次のような強い批判がなされている[5]。

(a)教基法一六条（旧教基法一〇条）で禁止された教育に対する「不当な支配」の主体に自治体の教育行政機関が含まれる以上、国の場合と同様に、教委の権限も包括的で無限定ということはありえず、「教師の教育の自由を不当に拘束する」ことなく、「教師による創造的かつ弾力的な教育の余地」を十分に残すものでなければならない（最高裁学テ判決）。したがって、教委の権限は、予算をともなう学校の施設設備などの外的教育条件整備や教師人事に関する事項のほか、とりわけ教育内容に関しては、原理的に教育課程の大綱的基準の設定や指導助言の範囲に制限される（教委の教育内容に関する権限の限界）。

(b)旧教基法一〇条は、一項を教育に関する定め、二項を教育行政に関する定めと書き分け、子どもの人間的成長発達の営みである教育それ自体と、その制度的・組織的支えである教育行政とを厳格に区別していたが、教基法一六条も一項の中で教育と教育行政とを書き分けており、基本的な考え方は同様とみられる。地教行法のもとでも、教委は当該自治体の教育に関する事務を主に管理・執行する教育行政機関であるのに対し、その所管に属する学校は「教育機関」（同法三〇条）と位置づけられており、教委の出先機関ではない。教委の包括的な学校管理権論は、所管公立学校をあたかも行政内部組織のように扱い、これを末端行政機関視することによって、教委と校長・教師の間を単純な上命下服の関係と捉える見方を示すものであって、教育行政機関と教育機関とが現行法制上異なる性格を有し、峻別されるべきことを看過している[6]。

(c)地教行法二三条は、条文見出しに「職務権限」と書かれているが、各号に掲げる事項はいずれも「……に関すること」と概括的な表現であり、教委の所掌事務に関する組織法的な根拠規定にすぎない。したがって、同条の抽象的な定めのみをもって具体的な指示・命令権限の根拠規定とする見解は、所掌事務規定（組織法規範）と授権規定（作用法規範）とを混同するものであって、教育行政における法治主義の観点から理論的に誤りである[7]。さらに実質的に考えても、(a)、(b)で述べた教基法一六条（旧教基法一〇条）の趣旨に照らせば、教委の所管公立学校に対する具体的な指示・命令が教育内容事項に及ぶ場合には、教育の自主性や子どもの学習権に重大な影響をもたらすおそれがあるから、そのような指示・命令権限を所掌事務規定だけで根拠づけるのでは不十分であり、別にそれを明示する個別的な授権規定が必要と解される。

(d)最高裁学テ判決の前記判示は、教育活動とは趣旨・性格が異なるとされた「行政調査」としての学力テスト実施に関する判断であり、行政調査の目的を遂行するため必要となる授業計画の変更やテスト実施を校長に対して命じることができる根拠を述べたものである。前後の文脈を無視して、教育活動の具体的内容自体に関して無限定に指示・命令権限を認めたとする読み方は、最高裁学テ判決の恣意的な拡大解釈といわざるをえない。この点で、都立七生養護学校事件に関して二〇一一年に出された東京高裁判決が、最高裁学テ判決の前記判示を援用しながら、「教育委員会は、……教員の創意工夫の余地を奪うような細目にわたる指示命令等を行うことまでは許されない。そして、各公立学校の教員は、……国の設定する大綱的基準、教育委員会の設定するより細目的な基準等に定めがない事項については、教育の内容及び方法を決定することができる」と明言したことは、教育内容事項に関する教委の包括的な支配権を否定し、その権限をより制限的に解するものであり、その意味において注目に値する（東京高判平二三・九・一六判例集未登載）。

（二）教育内容に関する教委「通達」の拘束力

　自治体の教育行政機関である教委と所管公立学校との関係をめぐる関連論点の一つとして、教委が所管公立学校の校長宛てに発する指示文書である「通達」のうち、特にその内容が教育内容や教育方法に関するものである場合、当該通達に関係者を法的に拘束する力、つまりそれに服従する義務があるか否かの問題がある。

　教委「通達」の拘束力肯定論として、行政解釈は、最高裁学テ判決が国に関して認めているとおり、教育行政機関は、「必要かつ相当と認められる範囲」において教育内容・方法に関しても介入できるのであるから、教委が必要かつ相当として発する「通達」に所管公立学校の校長は当然に従う義務があると主張する。しかし、同判決が教育内容等に関する国の関与を認めるのは大綱的な基準設定の範囲までであって、具体的かつ細目的な教育内容等ではない。また、「必要かつ相当と認められる範囲」という抽象的で漠然とした限界づけでは、事実上ほとんど無制約な権力的介入を容認する議論だと批判される。

これに対して、教育法学の通説は、教委「通達」に具体的な教育内容・方法に関するものが含まれている場合、その部分は指導助言の通知と解するほかないとして、教育内容等に関する教委「通達」の拘束力を否定する。

㈢　教師人事の教育活動関連性

その他、自治体教育行政による「不当な支配」の関連論点として、思想・信条や教育活動等を理由とした教師の処分人事が「不当な支配」に当たらないかという問題がある。代表的な例として、①広域人事交流を名目としつつ、思想・信条や教育活動等を理由にされた転任人事の違法性（高知地決昭四五・二・一二行集二一巻二号一〇九頁、札幌地判昭四六・一一・一判時六五一号二二頁など）、②卒業式等における国旗・国歌強制への拒否（職務命令違反）を理由になされた懲戒処分や転任処分の違法性（一連の日の丸・君が代関係事件）などが裁判で問われており、それらは、その実質において、教育の自主性を損う「不当な支配」の有無を争点とするものとなっている。

三　自治体首長と教委・学校との関係

自治体行政による「不当な支配」が問題になる場面として、近年、自治体首長による教育行政への関与が現実政治上の議論を呼んでおり、その当否は、現行教育法制における諸原理にもかかわる新たな問題を惹起している。

⑴自治体首長による教育行政への関与を積極的に容認する立場からは、①教委が自治体内で組織的に独立している現状は、子ども福祉や青少年保護育成施策、地域生活安全対策などに関する地域総合行政を妨げていること、

②自治体首長は選挙を経て住民から信任を受けている立場として、教育施策に関しても当然に住民代表として発言権を有していること（全国学力テスト結果の公表問題、大阪府・市の教育基本条例制定問題などに、この観点が象徴的に現れている）、③教委の実態も不活発で、ほとんど諮問機関の様相を呈するなど形骸化しており、国の関与を抑制するためにも、教育委員会制度を廃止し、教育に関する事務を首長に一元化する方が適切であること、などが主張される。

また、大阪府・市の教育基本条例の事案では、教育内容事項が首長主導で条例化されたが、議会審議を経て条例化されたことにより、自治立法による「不当な支配」という新たな論点が浮上したといえる。なお、自治体議員による個別学校教育内容への非難的言動や圧力が「不当な支配」に当たるとされた例も、注目される（前掲・東京高判平二三・九・一六）。

⑵他方、教育法学では、自治体首長の教育行政に対する権力的関与は現行教育法制上基本的に認められないとする原則否定論が多数とみられる。戦後教育改革のもとで成立した教育委員会制度は、教育の自主性、教育行政の中立性を確保するために、教育行政機関は政党党派的な現実政治の影響下にある一般行政から独立した立場を保持すべきものとし（教育行政の一般行政からの独立）、教委を首長と並ぶ「執行機関」（独立の行政決定権限を有する機関、地方自治法一三八条の二・一三八条の四第一項）として位置づけるものである。この観点に立つ否定論からは、①首長による教育行政への関与は、教育内的事項への首長の政治的介入を招き、教委への強い圧力となる点で、教育行政の独立・中立性を侵すとともに、教育の自主性をも損うという二重の問題性をはらんでいる、②首長のもとに教育行政を組み入れた地域総合行政は、国の関与を抑制しえたとしても、〝地方自治〟の名による教育の自主性侵害の危険を免れえない、③教育施策に対する住民意見の反映は、教育委員の公選制など教

育委員会制度自体の住民自治的な改革を進めることによってこそ、その住民に対する直接責任を全うしうる、といった批判がなされている。(8)

（4）鈴木勲『改訂・教育法規の理論と実際』（教育開発研究所、一九七九年）二七頁。
（5）教委の学校管理権に関する包括的支配権説とこれに対する批判について、詳しくは本書五三〜五六頁参照。
（6）本書一四八頁参照。
（7）参照、藤田宙靖『行政法入門［第5版］』（有斐閣、二〇〇六年）四五〜四七頁。
（8）本書一四八〜一五〇頁参照。

追記
　本章の文中に記載している地教行法二三条は、現行法では二一条に相当する。

第三章　教科書検定と国民の教科書作成の自由
―教科書第一次訴訟・東京高裁判決をめぐって

はじめに

教科書検定による国の教育内容介入の違憲・違法性が争われてきた〝家永教科書裁判〟の第一次訴訟（国家賠償訴訟）について、一九八六（昭和六一）年三月一九日の東京高裁判決（鈴木潔裁判長、以下、「鈴木判決」という。）は、控訴人（原告）・家永教授側の請求をすべて棄却し、一九六五年の提訴以来、二〇年余に及ぶ教科書裁判史上初めて家永側の全面敗訴の判決となった。

教科書の記述内容の当否を事前に国が権力的に決定する「教科書検定制度」の違憲・違法性を問う教科書裁判としては、並行して一九六七年に第二次訴訟（検定不合格処分取消訴訟）、一九八四年に新たに第三次訴訟（国家賠償訴訟）が提起され、第二次訴訟について三つの判決が出ている。その第一審〝杉本判決〟（東京地判昭四五・七・一七）は、教科書検定制度自体は合憲としたものの、「国家の教育権」は否定し、生存権の文化的側面としての「子どもの学習権」とそれに対応する「国民の教育の自由」から、公教育内容に対する国の関与に原理的限界を画して、検定制度の運用面で教科書記述の思想内容・学問的見解に介入する不合格処分を違憲・違法と判示した。第二次訴訟は、その後、控訴審〝畔上判決〟（東京高判昭五〇・一二・二〇）が憲法判断を回避して、もっぱら裁量権濫用の違法を理由に処分を取り消し、上告審（最判昭五七・四・八）では、学習指導要領改訂に関わる「訴えの利益」の有無という訴訟要件の問題で高裁差戻しとなったため、争点が法技術的な論議に縮減してしまった（その後、東京高判平元・六・二七は訴えの利益の消滅を理由に請求を却下している）。

これに対して、むしろ第一次訴訟の方は、このような技術的制約をうけることなく、教育人権保障と公教育内容に対する国の関与の限界を実質的な争点として展開されてきた。今回の鈴木判決の原審である〝高津判決〟（東京地判昭四九・七・一六）は、結論的には検定行為の一部違法を認めて国に一〇万円の損害賠償を命じたものの、杉本判決とは逆に、議会制民主主義と福祉国家理念に基づく「国家の教育権」説に立って、検定制度とその運用を全面的に合憲とするものであった。また、この判決では、検定行政の「裁量権」を認めつつ、裁判官自ら客観的な法的基準に基づかない主観的〝再検定〟を詳細に行った点が、司法審査の限界を越えた〝教育内容裁判〟として原告・被告双方から問題視されていたのであった。

そこで、控訴審においては、以上の教科書裁判の経過をふまえて、教科書検定制度とその運用に対する憲法判断が改めて問われていたわけである。ただ、その争点の前提をなす「国民の教育の自由」と国の教育内容介入の当否については、その間に出された最高裁学テ判決（最大判昭五一・五・二一）が最高裁として初めての判断を示し、「子どもの学習権」を前提に、限定づきながら「親の教育の自由」や「教師の教育の自由」等を認めるとともに、他方で「必要かつ相当な範囲における国の教育内容決定権」とその制約をも語っていた。したがって、鈴木判決の評価にあたっては、杉本判決・高津判決との対比だけでなく、右の最高裁学テ判決が示した法理をどのようにふまえたかが、重要な視点となるであろう。(9)

一　最高裁学テ判決と鈴木判決

まず、教育人権とそれにともなう公教育に対する国の関与の限界について、鈴木判決は、一見すると最高裁学テ判決の判示にそのまま従っているかのようにみえる。しかし、以下に示すとおり、その援用はきわめて形式的・表面的であるとともに、かなり恣意的でさえある。

（一）国の「教育内容決定権」とその範囲

たしかに鈴木判決も、一応は最高裁学テ判決の表現にならって、憲法二六条一項に基づく「子どもの学習権」、自然発生的な養育監護作用としての「親の教育権」、憲法二三条に基づく一定範囲における「教師の教授の自由」の存在に言及した後、国の「教育内容決定権」の根拠について次のように判示している。

「一般に社会公共的な問題について国民全体の意思を組織的に決定し、実現すべき立場にある国は、信託された国政の一部として、広く適切な教育政策を樹立、実施すべく、また、これをなしうる者として、憲法上、あるいは子ども自身の利益の擁護のため、あるいは子どもの成長に対する社会公共の期待と関心にこたえるため、必要かつ相当と認められる範囲において、教育内容についてもこれを決定する権能を有するものと解するのが相当である」。

「高等学校教育もまた普通教育の一環として、……教育の機会均等を確保する上からも、地域・学校別等のいかんにかかわらず、全国的に一定の水準を維持すべきことが強く要請される」から、「高等学校教育においても、公権力の不当、不要な介入が排除されるべきことは当然であるが、国が、その特質等を配慮しつつ、許容される目的のため必要かつ合理的と認められる関与ないし介入をすることは、それがたとい教育の内容及び方法に関するものであっても是認されるものと解すべきである」。

しかし、最高裁学テ判決では、これに続けて、①「政党政治の下で多数決原理によってされる国政上の意思決定は、さまざまな政治的要因によって左右されるものであるから、本来人間の内面的価値に関する文化的な営みとして、党派的な政治的観念や利害によって支配されるべきではない教育にそのような政治的影響が深く入り込む危険があることを考えるときは、教育内容に対する右のごとき国家的介入についてはできるだけ抑制的であることが要請される」、②「子どもが自由かつ独立の人格として成長することを妨げるような国家的介入、例えば、誤った知識や一方的な観念を子どもに植えつけるような内容の教育を施すことを強制するようなことは、憲法二六条、一三条の規定上からも許されない」とし、また、③「教育行政機関が……法律を運用する場合においても、当該法律規定が特定的に命じていることを執行する場合を除き、教基法一〇条一項にいう『不当な支配』とならないように配慮しなければならない拘束を受けている」として、公教育内容に対する国家の関与について〝抑制的介入の原則〟を明示していたのであった。

鈴木判決は、この原則を全く視野に入れず、また、教基法一〇条一項の「不当な支配」の排除原則に関しては、「公権力の不当、不要な介入が排除されるべきことは当然である」としながら、何が「不当、不要な介入」にあたるかを積極的に明らかにしようとしていない。その意味で、鈴木判決における国の「教育内容決定権」は、最高裁学テ判決の場合と異なり、明確な限界のない、実質的にはほとんど無制約の〝教育内容統制権〟を国に認めるものとして、厳しく批判されよう。

(二)「子どもの学習権」に対する不十分な理解

鈴木判決がこのような歯止めなき国の「教育内容決定権」を容認するに至った一因は、本来その制約となるはずの「子どもの学習権」に対する理解に端的に現れている。

最高裁学テ判決が、「子どもの学習をする権利」の根拠づけにあたって、「子どもの教育は、子どもが将来一人前の大人となり、共同社会の一員としてその中で生活し、自己の人格を完成、実現していく基礎となる能力を身につけるために必要不可欠な営みであり、それはまた、共同社会の存続と発展のためにも欠くことのできないものである。」、「子どもの教育は、教育を施す者の支配的権能ではなく、……専ら子どもの利益のために、教育を与える者の責務として行われるべきものである」として、教育が、子どもの成長・発達と人格の完成・実現のための社会的・文化的営みであることを強調しているのに対し、鈴木判決の次の理解は、むしろその対照をなしている。

「人は教育を受け一定の知識・教養を身につけることによって共同社会の成員としてその能力を発揮し、責務を遂行し、更に文化、経済等多方面にわたる各種の利益を享受することができるのであるが、それにとどまらず、憲法上わが国の国是である民主主義国家の維持発展……のためにも教育による国民の資質の向上が強く要請される」。

ここで表明された知識・教養主義的教育観と公民育成的教育観は、明らかに人権としての「子どもの学習権」と矛盾し、逆に、最高裁学テ判決が極端かつ一方的な見解として斥けた「国の包括的な教育内容決定権」(「国家の教育権」説）を、より容易に根拠づけうるものといえよう。

二　国民の教科書作成の自由と教科書検定

（一）問われていた「国民の教科書作成の自由」

学力テスト事件と異なり、教科書裁判で問われていた固有の争点は、学問研究者・教育関係者等が執筆した教科書の出版に対して、国が事前にその記述内容の当否を審査し、教科書としての出版の可否を権力的に決定する「教科書検定制度」の違憲・違法性であった。したがって、そこでは、国民が教科書を執筆・出版することによって学校教育に参加するという「国民の教科書作成の自由」が、教育人権として憲法上の「国民の教育の自由」に含まれていないか、教科書内容に対する国の介入がこれを侵害するものでないかが、最も核心的な内容となっていた。

この点、たしかに最高裁学テ判決の教育人権解釈には挙げられていないが、それは学力テスト事件の争点ではなかったためであり、まさに教科書裁判において正面からとりあげられるべき問題であった。

ところが、鈴木判決は、教育人権と国の「教育内容決定権」の憲法判断については、最高裁学テ判決の形式的・恣意的援用に終始したため、ついに、「国民の教科書作成の自由」を全体として教育人権の問題としては捉えなかった。そのことは、鈴木判決が、教科書検定制度に関わる「国民の教育の自由」の主張を、国民の「教科書出版の自由」（憲法二一条）と教科書執筆者の「研究成果の発表の自由」（憲法二三条）とに切り離して別個に論じ、結局両者とも実質的に排斥している点に、端的に反映されている。

（二）「教科書作成の自由」否定の論理

判決が、「表現の自由」としての国民の教科書出版の自由と、「学問の自由」としての教科書執筆の自由を実質的に否定した論旨は、次のとおりである。

①「教科書は、……学校教育に用いられる特殊な図書であって心身ともに未発達の児童ないし生徒が使用するもので、その使用が強制されていること、それゆえに児童、生徒の心身の発達段階に相応した理解能力に合わせて、教科の系統的、組織的な学習に適するように各教科課程の構成に応じた組織配列が求められるものであること。その内容において一定の水準が保たれる必要があることなど、一般の図書とは性質を異にするのであって、国民が憲法上出版の自由を有することから直ちに……国民は本来教科書を出版する権利を当然に有しているとはいえない」。「教科書検定に際し思想内容等に立入ることがあるとしても、教科用図書としての特性上、中立・公正の保持の観点からその限度で審査の対象とされるにとどまるものであるのみならず、」「教科用図書の検定に不合格となった原稿であっても、これを一般の図書として出版することは自由であ」るから、「憲法第二一条第二項前段にいう検閲には当たらない」。

②「……教育の機会均等をはかる上で全国的に一定の水準を確保する必要があり、そのためには合理的範囲内での教材、教科内容、教授方法等についての画一化が要請されること等」の「普通教育の本質とその特殊性に照らして、教科書の執筆者には、前述の趣旨の合理的範囲内における制約があり、その執筆に関し完全な研究成果の発表の自由は認められない」。教科書検定制度は、「いまだ右の合理的範囲の限度を超えて執筆の自由を制限しているものとは認めがたい」。

右の①で表明されている教科書の特殊性、一般図書に対する異質性と、不合格原稿も一般図書として出版することは自由であるから検閲に該当しないとする論旨は、「教科書用原稿はその性質上教科書としてしか出版しえないという事実に沿わ」[10]ず、明らかに矛盾している。

たしかに教科書は、学校教育において使用される「主たる教材」として、学問的研究成果だけでなく、より高度の教育専門的配慮を要する表現物であり、その点で、一般図書にない特殊性を有するとみることができよう。しかし、その特殊性は、当然に「中立・公正」の観点からの権力的検定制を正当化するものではない。何が教育的に「中立・公正」かの判断もそれ自体、学問・教育研究の内容をなしており、憲法二三条の「学問の自由」に含まれる国民の教科書執筆の自由のもとでも、子どもの発達段階に応じた教育的配慮は、まず教科書の執筆・出版者自身によって自主的・主体的に行われ（杉本判決）、その教育専門的水準は、教科書の採択段階や学校における教科書使用の段階で、教師・父母・地域住民（あるいは生徒自身）等により、恒常的に批判・吟味されていくべきものであろう。「教科書検定制度」は、教育関係者によるそのような吟味の機会を奪い、教科書として記述した図書について、その内容的当否により教科書としての出版を事前に禁止するものであり、そのこと自体が憲法二一条二項で禁止された「検閲」該当性を帯びることになる。

また、②において示された〝普通教育の本質としての画一化の要請〟は、「子どもの教育が、専ら子どもの利益のために、」「その個性に応じて行われなければならないという本質的要請」を確認した最高裁学テ判決の趣旨を、十分にふまえていないものと批判されよう。一人ひとりの子どもの発達段階と「個性に応じ」た学習権保障のためには、むしろ、「教師による創造的かつ弾力的な教育の余地や、地方ごとの特殊性を反映した個別化の余地」（最高裁学テ判決）を十分残しうるように、多様で個性的な内容の教科書こそが必要なのである。記述内容の〝画一化〟を必須とするような「合理的範囲」の存在余地は、元来きわめて少ないといえよう。

（三）　教科書検定の法的性格

学校教育法二一条、教科用図書検定規則（省令）、教科用図書検定基準（告示）等に基づく現行の教科書検定の法的性格について、鈴木判決は、原審・高津判決の「許可行為」説を斥けて、次のとおり「特許行為」説を採っている。

「教科書検定は、文部大臣が新規に著作された図書又はすでに発行ずみの特定の図書に対し、その著作者又は発行者の申請に基づき、……教科書として使用しうる法律上の資格を付与、設定するか否かを審査決定する行政処分であり、検定合格処分により、当該図書の著作者又は発行者に対し、右の法律上の資格が付与、設定されるものであって、その法的性格は特許行為に属する」。それゆえ、「審査の内容が、誤記、誤植その他の客観的に明らかな誤りその他……個々の記述内容の当否と直接かかわらない事項にとどまらず、それを超えてその記述内容に及ぶことのありうることは自ずから避けがたいところであ」る。

「特許行為」とは、行政法において、権力的な行政行為の一種別を示す学問上の用語である。伝統的理論によれば、特定の国民に対し、自然の自由としては存しない特定の法的地位（特権的権利など）を新たに設定する行為であって、そのため行政の広い自由裁量が認められるものと説明されている。鈴木判決の「特許行為」説は、教科書執筆者に対して、検定行政の広範な裁量を許容する現行検定制度とその運用の実態の説明としては、かなり的を射ているかもしれない。しかし、合憲法的にありうべき教科書検定の法的性格としてそれを認めうるか否かは、本来別個の問題である。鈴木判決は、あらかじめ現行教科書検定の特許行為性を前提として、検定行政を、「許容される目的のために必要かつ合理的な範囲」内にあり合憲と判断してしまったが、それは、それに対置される教育人権としての「国民の教科書作成の自由」を実質的に否定してしまったことの、必然的な論理的帰結にすぎない。なお、同じく「特許行為」説を採る畔上判決の場合は、憲法判断を避けたために、現行の検定制度とその運用の実態を特許行為と解して、行政裁量権の濫用の違法性のみを認めたのであった。

これに対して、「許可行為」とは、元来は国民の自由権に属する行為について、行政上の目的からの法規による一般的禁止を個別に解除し、その自由権行使を適法ならしめる行為であり、行政には自由裁量の余地はなく、法規に従った裁量のみが認められる。杉本判決と高津判決は、この「許可行為」説の立場にたっており、そこには、「教科書を教科書として著作し、発行することも、基本的には憲法二一条が表現の自由として保障しているところであって、教科書検定によって新たに教科書としての資格を付与されるのではない」（杉本判決）という理解がともなっている。

結局、ここでも、「国民の教科書作成の自由」の教育人権性をふまえるか否かが基本的争点なのであって、教科書検定の法的性格のいかんはあくまでもその帰結にすぎず、それ自体として独自の論点たりえない。

三　教科書検定と国の「教育内容決定権」の限界

（一）「必要かつ相当な範囲」と抑制的介入の原則

教科書内容の当否を事前に権力的に決定する「教科書検定制度」の憲法二六条、教基法一〇条に関する合憲・

適法性について、それを根拠づける鈴木判決の論旨は、次のとおりきわめて簡単である。
①教科書検定における「審査の内容が、……その記述内容に及ぶことのありうることは自ずから避けがたいところであ」るのは、学校教育法二一条に規定された「検定の語義自体からして……明らかである。」
②「教科書検定は公教育における教育の中立・公正及び機会均等の確保の要請に即し、かつ、教育水準の維持向上をはかるという正に許容される目的をもってなされるものである」から、「学校教育法第二一条の規定自体が憲法第二六条ないし……教育の自由を侵害することはありえない」。「このことは、教科用図書検定規則についても同断であり、また、……教育基本法第一〇条第一項にいう不当な支配に当たるとは解しがた」く、教科用図書検定基準も、「右検定基準の内容は、……いまだ必要かつ合理的な規制の範囲を超えるものではないと解されるから、教育基本法第一〇条第一項及び学校教育法第二一条の趣旨を逸脱するものではない」。

①にいう「検定」の語義については、たしかに、教科用図書について国の何らかの関与権の存在を意味するものと解されるが、それが直ちに、記述内容への権力的介入を予定するものであるか否かは、元来「検定の語義」自体から当然には明らかにならないであろう。非権力的な届出制的・指導助言的検定制の余地もありうるからである[11]（法律上の「検定」の他の用語例としては、出納職員の弁償責任の有無につき会計検査院法三二条一項、計量器の技術上の基準適合性につき計量法七〇・七一条などがある）。

また、②については、「必要かつ相当な範囲における国の教育内容決定権」を前提としても、最高裁学テ判決では、教育内容に関わる基準設定の場合ですら、「教師の創意工夫の尊重等……のほか、……教育に関する地方自治の原則をも考慮し、……必要かつ合理的と認められる大綱的なそれにとどめられるべきものと解しなければならない」として、前述の〝抑制的介入の原則〟が確認されたのであった。したがって、教科書検定においてはいっそう、個別的な記述内容の具体的当否に及ぶ介入として「必要かつ相当な範囲」にとどまるかが、問題になるはずであろう。検定が「許容される目的」でなされるとしても、教育人権保障を損わないためには、非権力的な「指導助言」制をもってしては目的を達成しえない範囲でなければ、「必要かつ合理的な規制の範囲」とはいえまい。鈴木判決は、このような〝抑制的介入の原則〟の適用を漫然と看過している。

（二）検定裁量権の根拠と範囲

多義的・抽象的な文言によって構成されている教科書検定基準が、憲法二一条に基づいて、表現の自由の規制法令に要求される「法文の明確性の原則」に違反するという、控訴人・家永側の主張に対して、判決は次のように述べてこれを斥けている。

国は、検定制度のもとで「検定の公正と適正とを保持するため検定基準を設けて」いるが、「教科書の検定は思想を含む表現物の審査であるという特質と検定それ自体の本来的性格のため、これらに由来する相応の裁量性を認めるべき必要が存するのであって、……むしろ画一的、一義的な基準を設けないことによって執筆者、発行者に自由な発想の余地を広く残しているともいえるのであり、……審査に際し主観的な要素が加わる余地を容れるものであることは否みえないものの、執筆者、発行者の側で良識をもって時代の常識に即して考究すれば、自ずから当該事項についての標準的解釈判断を引き出しうる程度のものといって妨げな」い。

検定基準に「相応の裁量性」を認めるべき根拠として、右で挙げている「思想を含む表現物の審査であるという特質」は、思想・表現の自由の憲法的保障に照らして、本来、むしろそれゆえに検定基準の内容と範囲の厳格性を要求するものであろう。「検定の公正と適正」保持を目的とする検定基準は、教科書執筆者の思想内容に対する過度の介入への抑制として、検定権者をも同時に拘束すべきはずなのである。

また、包括的で不明確な裁量基準に基づく検定は、その裁量基準の解釈権がまずもって検定権者にある以上、主観的な独自の解釈であってもその解釈が当面優越的に通用していくのであるから、「執筆者、発行者に自由な発想の余地を広く残している」という論旨は、全くの詭弁にすぎない。

ただ、「法文の明確性の原則」については、たんにそれだけで検定基準をめぐる固有の争点にはなりえず、基準の内容と範囲の厳格性・妥当性があわせて重視される必要がある。(12)

(三)　学習指導要領と検定基準

鈴木判決は、現行検定基準の一部をなす学習指導要領それ自体を法規とは認めず、その点では最高裁学テ判決をふまえていることになるが、なお以下のような問題を含んでいる。

学習指導要領は、「全般的にみて教師による創造的かつ弾力的な教育・指導の余地や地方ごとの特殊性を反映した個別化の余地を残しており、全国的な大綱的基準としての性格をもつものと認めるに十分であって、これが検定基準の中に織り込まれたことにより、検定基準を補充するものとして、少なくともその限度では法的拘束力を有するに至ったものと解するのが相当である。」

右の判旨は、原審・高津判決とほぼ同旨であるが、その内容自体大いに矛盾しているといえよう。全国的な大綱的基準として、教師による創造的・弾力的な教育の余地や地方の特殊性を反映した個別化の余地を残しているはずの学習指導要領を検定基準に組み入れることは、そこに検定権者の解釈を加えることによって、教科書の記述内容を細目的に拘束することになるからである。やはり、包括的で明確な歯止めのない検定基準の内容・範囲の妥当性が、ここでも基本的に問われざるをえまい。

四　検定処分と裁量濫用の違法性

杉本判決で認められた家永教科書に対する検定処分の違憲性、いわゆる適用違憲（運用違憲）の問題は、鈴木判決にあっては、以上のとおり教科書検定制度自体に憲法上の教育人権保障による歯止めがないに等しく、そもそもその存在余地がなかったことになる。

他方、〝合憲的〟な検定行政のもとでの恣意的な検定行為の違法性の問題が、かねて高津判決と畔上判決によって指摘されてきたのに対し、鈴木判決は、その存在余地も最終的に否定してしまっている。

①「文部大臣による検定権限の行使がいかなる程度に法令によって羈束されるものであるかを明らかにした規定」はなく、「検定の対象が教科書の記述内容等であって、……高度の教育専門性・技術性、すなわち教育的配慮が求められること及び……教科書検定の性格、……教科用図書検定基準の内容に徴し、文部大臣が教科書検定に当たって付する検定意見ないし合否……の処分は、事柄の性質上、本来その裁量に任されている」。「文部大臣の検定権限の行使は、その裁量に属するとはいえ、……教科書検定関係法令の各規定の趣旨に則ってなされ

なければならないものというべく、したがって右権限の行使が上記の趣旨に合する合理的範囲にとどまるものであるかぎり、……違法の問題を生ずる余地はない。」
②「文部大臣の判断が事実の基礎を欠き又は社会通念上著しく妥当性を欠き、裁量の認められた目的に違反してその行使がなされたとき、ないしは恣意的に平等原則違反の行使がなされたときは、裁量権の範囲を踰越し又はその濫用があったものとして、その処分は……違法となる」が、検定意見に「基礎たる事実関係ないしその見解に相応の根拠がある限り、……違法があるとの評価を下すべきではない」。

まず、①で検定裁量権の行使にかろうじて付した「関係法令の趣旨に合する合理的範囲」という枠が、その合理的範囲が不明で包括的・抽象的な基準でよしとする以上、何ら有意味な限定になりえないことは明らかである。次に、検定処分における行政裁量権の根拠として挙げられた「高度の教育専門性・技術性」は、反対にそれこそが検定行政の裁量権を限定づけるものと考えられる。教科書執筆者の「教育専門性」と検定権者の「教育専門性」との優劣は、教科書の採択・使用を通じて公開の場で社会的に、その学問的内容の当否を含めて吟味されるべきものであり、教育専門的裁量権は、むしろ教科書執筆者の側にあるというべきであろう。権力的な行政裁量の幅は元来少なく、執筆者の裁量権を損わない範囲で教科書としての体裁を整えるのに必要最小限の事項に限定されるものと解される。[13]

判決は②で、結局、検定権限の行使について裁量濫用の法理を適用して、検定意見に「相応の根拠」があることを理由にその違法性を否定したが、それは、その前段階で教育専門的事項に関する行政判断の優位を認め、広範・無制約の行政裁量を肯定したことの論理的帰結にほかならない。そして、より基本的には、「国民の教科書作成の自由」を実質的に否認した憲法・人権論の理解が問題とされよう。

いずれにせよ、鈴木判決は、極端な司法消極主義がいかに容易に行政追認に転化しうるかという完璧な実証例といえる。

(9) 鈴木判決の判決文については、東京高判昭六一・三・一九判例時報一一八八号一頁。同判決の上告審最判平五・三・一六民集四七巻五号三四八三頁では上告棄却となった。なお、兼子仁「最高裁学テ判決の読みとり方」季刊教育法二一号七四頁参照。
(10) 兼子仁『教育法［新版］』(有斐閣、一九七八年) 三九六頁。
(11) 兼子・同右三九五頁。
(12) 参照、成嶋隆「検定行政追認の論理構造」法律時報一九八六年五月号一一頁。
(13) 参照、山下淳「教科書検定における行政裁量」ジュリスト八六三号二一頁。

追記
本章の文中に記載している学校教育法二一条は、現行法では三四条に相当する。

第四章　教科書採択権の所在をめぐる現行法の解釈問題

はじめに

二〇〇二（平成一四）年度から使用される小・中学校の教科書に関して、二〇〇一年四月から八月にかけて全国各地でいっせいにその採択が行われた。その過程で、文部科学省や都道府県教委の主導により、従来の採択手続を見直し、学校・教師の意向にかかわらず市町村教委が自らの判断と責任で採択を行うという方向への手続の改変が各地で進められた。こうした動きを契機として、教科書採択権の所在や採択手続のあり方をめぐる問題が改めて注目されるようになっている。

一連の動きの中で見直しの根拠としてしばしば引用されたのが、文部省初等中等教育局長通知「教科書採択の在り方の改善について」（平成二年三月二〇日文初教一一六号）である。この通知に添付された同省の調査研究協力者会議報告書「教科書採択の在り方について」（平成二年三月六日）には、「採択は、採択権者が自らの権限と責任において、適正かつ公正に行う必要がある。……教職員の投票によって採択教科書が決定される等採択権者の責任が不明確になることのないよう、採択手続の適正化を図ることも重要である。」と記されていた[14]。また、東京都教委も、右通知の内容を援用しつつ、さらに踏み込んで次のように述べる通知を出している。「各区市町村教育委員会は、地方教育行政の組織及び運営に関する法律第二三条第六号に定められた教科書の『採択権者』としての立場と責任を自覚し、調査研究資料及び『採択委員会』等の下部機関の調査報告書の内容に基づき、自らの判断で採択すべき教科書を決定すること。その際、必要に応じ、……該当教科書にあたって点検すること。」「採択要綱・要領等の中に、……教育委員会の下部機関が、採択すべき教科書の候補を一種、または数種に限定する、いわゆる『絞り込み』の規定があるときは、速やかにその規定を改正し、『採択手続きの適正化』を図ること」（都教委教育長通知「教科書採択の事務について」平成一三年二月八日一二教指管六五八号）[15]。

これらの通知では、結局、①公立小・中学校教科書の採択権限は市町村教委にある、②市町村教委は文字どおり自らの固有の判断と責任のもとにその権限を行使しなければならず、その場合、学校・教師多数の意向と相反する教科書を採択することも当然ありうる、③もっぱら学校・教師多数の意向にしたがった採択は、市町村教委の採択権者としての責任を不明確にするもので適正でない、という理解が示されているといえよう。ただし、教科書採択権が教育委員会にあるとする法律上の根拠については、教育委員会の職務権限を掲記した地教行法二三条六号「教科書その他の教材の取扱いに関すること」の規定に基づくとするほか[16]、採択手続を定めた義務教育諸学校の教科用図書の無償措置に関する法律（以下、「教科書無償措置法」という。）の諸規定により明示されたとするものもあり[17]、文部当局筋の解釈にも若干ニュアンスを異にするものがある。そこで、本章では、教科書採択権の所在と採択手続のあり方に関する現行法解釈の筋道を教育法学の観点から改めて整理し、右のような行政解釈の妥当性について吟味することとしたい。

一　教科書無償措置法による広域統一採択制度

旧教育委員会法（一九四八年制定）四九条四号には、教委が行う事務の一つとして「教科用図書の採択に関すること」が掲げられていた。しかし、その旧法下でも教科書の採択方法は必ずしも一様ではなく、地域によっては教師が教科書展示会に足を運び、学校単位で教科書を選定することができた。もっとも、地教行法の制定（一九五六年）前後には、町村単位、市郡単位での共同採択が広がり、六〇年代初めには相当数の地域で広域的な共同採択地区が設けられるようになっていた(18)。こうした状況を背景に公立小・中学校教科書の広域統一採択を全国的に制度化したのが、一九六三年に成立した教科書無償措置法である。

同法の定める採択のしくみは、概要次のとおりである。①都道府県教委による「教科用図書採択地区」（市・郡の区域またはこれらを合わせた地域）の設定、②市町村教委等が行う「採択に関する事務」に対する都道府県教委の指導・助言・援助、③採択地区ごとの関係市町村教委の協議による各教科内種目ごと一種の教科書の採択。このように採択地区ごとの統一採択が法定されたことにより、現行法の法文上、国から無償給付される義務教育教科書の採択は、市町村立小・中学校の場合、採択地区ごとに関係市町村教委の協議を経て、最終的には各市町村教委によって決定されるものとなったことになる。ただし、国立・私立学校の「採択に関する事務」は、校長が行うものとされている。

この広域統一採択制度が導入された理由は、①教師の教科研究・講習会等における広域的な共同研究や児童生徒の転校の際の便、②十分な調査研究に基づく慎重・綿密な採択の必要（小規模校での困難への配慮、発行会社の過当な宣伝行為の排除など）、③教科書の迅速かつ確実な供給（発行経費の増加・価格上昇の抑制や事務の合理化・迅速化など）にあるといわれている。[19] しかし、同法の立法趣旨は、本来的に教科書の無償給付措置を円滑に実施するために必要な制度を整備することにあったはずであり（一条）、また右の①②の理由自体は広域統一採択を必須とするほどの強力な根拠とはなしえないであろう。結局、③こそが同法の趣旨に最も適合した同制度採用の主要かつ実質的な理由と解することができる。

二　教科書の選定と教育の自主性保障の原理

教科書採択権の法的性質、採択手続の適正なあり方を解き明かすためには、たんに採択権の所在を示す法文上の規定を探すだけでは足りず、法がなぜ採択権をその者に帰属せしめたのか、教科書の選定において誰が主体的役割を果たすべきかという問題を、教育という事がらの性質と現行教育法の基本原理にそくして考える必要がある。

教科書は、「教科課程の構成に応じて組織排列された教科の主たる教材」（教科書の発行に関する臨時措置法二条一項）として、学校で日常使用されることが予定された図書である。その内容的な適否は、各学校の教育課程・授業内容編成と密接に関わり、すぐれて教師の自律的・教育専門的な判断を要する事項にほかならない。これに反して、教科書の選定に際し学校・教師に主要な役割が与えられず、一方的に決められた教科書によって授業内容を拘束されるとしたら、教育基本法一〇条一項で禁じられた自主的教育活動への「不当な支配」にあたるといわなければならない。この意味で、教科書の選定は、原理的には、教師の教育権に属していると条理解釈される。[20]
もっとも、このように解するとしてもそれは教師の独善的な判断の通用を意味するものではない。父母や子どもにも教科書の適否に関する意見を表明する権利は認められてしかるべきであるが、それは主に学校自治的な参加・話合いを通じて実現されるのが相応しいとみられる。

また、教科書の選定権が原理的に教師にあるといっても、その制度的な発現形態は一様でなく、個々の教師による自由な採択が当然に制度上も保障されなければならない、ということのみを指すわけではない。諸外国でも、特に欧米諸国ではアメリカの多くの州やカナダのように担任教師が自由に採択できる国のほか、イギリス、フランスのように教師の意向をふまえ学校単位で採択する国があり、いずれにしても多くの国で教科書採択に関する教師の役割が実質的に重視されている。[21]また、わが国で近年唱導されてきた行政改革の一環としての規制緩和策の中でも、行政改革委員会「規制緩和の推進に関する意見（第二次）」（一九九六年一二月一六日）において、前述した広域統一採択制度の根拠の正当性に対し強い疑問が投げかけられ、「公立学校においても学校単位で自らの教育課程に合わせて教科書を採択する意義をより重視すべきであり、将来的には学校単位の採択の実現に向けて検討していく必要がある[22]」と提言されているのが注目される。

かくして教科書採択権の所在はもっぱら「立法政策」の問題であって、教育の本質や教育条理とは関係ないというわけにはいかない。たしかに広域統一採択制度の採用に教科書の無償給付措置を円滑に実施するうえで合理的な必要が認められるかぎりでは（この点は多分に議論の余地があるが）、この制度自体を直ちに違憲・違法視することは困難であろう。しかし、たとえ制度的には広域統一採択方式をとる現行法のもとであっても、採択地区の細分化・小規模化などのとりくみを含めて、採択の手続的しくみに教師の教科書選定権の原理的存在が十分配慮されていなければならない。教科書採択権が行政当局に属する国を例に挙げてこの筋道を単純に否定する論理[23]は、結局わが国が教育の自主性保障に関して発展途上であることを自認するのに等しいように思われる。

三　教科書採択権の所在とその法的性質

従来の文部行政解釈は、すでに教科書無償措置法の制定以前から、地教行法二三条六号を根拠に、高校を含めて公立学校の教科書採択権は所管教委に存すると唱えてきた。しかし、地教行法二三条は、条文見出しに「職務権限」という語が書かれているとしても、元来教委が所掌する事務についての組織法的な根拠規定にほかならない。そのため同条各号に掲げられた事項は、いずれも「……に関すること」と概括的な表現になっている。もしそれらの事項の全般にわたって教委に管理・執行の権限が授権されているのだとしたら、教委はきわめて包括的で無限定の権限をもつことになってしまう。教委に教科書採択の権限が授権されているというためには、同条とは別に特にそれを示す作用法上の根拠規定が必要である。右の文部行政解釈は、この点において組織法的規範と作用法的規範とを混同するものであって、失当といわなければならない(24)。

他方、教科書無償措置法一三条五項は、「……当該採択地区内の市町村の教育委員会は、採択地区協議会における協議の結果に基づき、種目ごとに同一の教科用図書を採択しなければならない」としており、中等教育学校前期課程等について定める同条三項、指定都市の特例を定める一六条二項の規定とともに、少なくとも法文上所管教委に最終的な採択の決定権を認めているものと読める。この場合、所管教委が採択権を有するのは公立小・中学校等に関してのみであり、国立・私立学校のほか、公立高校については学校・教師に採択権があると解される。

そこで、教科書無償措置法が公立小・中学校等に関する教科書採択権を所管教委に認めた趣旨は、無償給付措置の円滑な実施すなわち教科書の迅速かつ確実な供給の必要に資することにあるとみるのが、同法の目的に最も適うこととなろう。元来、現行教育法における教育の自主性保障の原理に照らして、教育行政の役割・任務は教育条件の整備にあるはずであり、その点から所管教委の採択権限も教育内容への一方的な介入にわたらない条件整備的な性質の決定権限にほかならない。その内容は、「採択に関する事務」（同法一〇条）の一環として、教科書選定に対する学校・教師等の意向の広域的な総合調整と、それを経た無償教科書の種類・需要数の決定を意味するものと解するのが相当である。[25]

現行法における所管教委の教科書採択権の法的性質とその内容を以上のように理解するならば、採択において、広い視野からの意見を反映させることを理由に学校・教師の教科書選定に関する意向がたんに参考資料にとどめられ、教委自らが独自の判断で採択教科書を決定するというのでは、手続的に不公正だといえよう。教師多数によってほとんど支持されない教科書が教委自らの固有の判断で一方的に採択されるような事態は、採択権限の濫用として違法性を免れまい。この点、先の文部省調査研究協力者会議報告書では、「開かれた採択の推進」という見地から採択結果・理由等の周知・公表などの方策とともに、「保護者等の意見の反映」の必要が提示されている。[26]採択の手続的透明性を高めることはもとより重要であり、また都道府県の選定審議会や市町村の採択地区協議会に父母・地域住民等の代表委員を加えるなどの工夫もそれ自体大いに望ましい。ただし、その際、委員の構成面や具体的判断について学校・教師の教科書選定意思が優先的な考慮事項として十分に尊重されるしくみになっていることが、むしろ採択手続の公正・適正なあり方であると考えられる。

(14) 季刊教育法一三〇号（二〇〇一年）所収の資料二八頁。ただし、すでに文部省初等中等教育局長通知「義務教育諸学校の教科書用図書の無償措置に関する法律等の施行にともなう事務処理について」（昭和三九年二月一四日文初教九六号）において、ほとんど同旨の指摘がされていた。

(15) 同右二六頁。
(16) 文部省初等中等教育局長回答「教科書採択の責任について」(昭和三五年五月一一日委初一〇九号)、菱村幸彦『新・教育課程の法律常識』(第一法規、一九七七年) 一八八〜一八九頁。
(17) 諸沢正道『逐条解説義務教育諸学校の教科用図書の無償措置に関する法律』(第一法規、一九六四年) 二二一頁など。
(18) 大島二郎「教科書採択制度と採択の現状」法律時報増刊増補版『教科書裁判』(日本評論社、一九七〇年) 二七三〜二七五頁、徳武敏夫『新版かわりゆく教科書』(新日本新書、一九七八年) 八八〜九〇頁など参照。
(19) 大島・同右二七五頁、三輪定宣「教科書無償制度」季刊教育法四一号 (一九八一年) 七三頁。
(20) 兼子・前掲書注 (10) 四二〇頁。
(21) 別技篤彦『世界の教科書は日本をどう教えているか』(朝日文庫、一九九九年) 二五・一六三・一七〇・一九七頁など参照。
(22) 前掲資料注 (14) 三〇頁。
(23) 菱村・前掲書注 (16) 一八九頁。
(24) 参照、稲葉馨「行政組織の再編と設置法・所掌事務および権限規定」ジュリスト一一六一号 (一九九九年) 一一六〜一一九頁。
(25) 兼子・前掲書注 (10) 四二〇頁。
(26) 前掲資料注 (14) 二八〜二九頁。

追記
本章の文中に記載している地教行法二三条は現行法では二一条に、教育基本法一〇条は現行法では一六条にそれぞれ相当する。

第五章　自治体行政における教育課程管理権の根拠と限界
―〝日の丸・君が代裁判〟に寄せて

はじめに

国の教育行政に対する自治体の教育行政の特質という観点から、教委は、国が行う教育行政と異なり、自ら設置する公立学校の教育課程に関して直接の管理権を有しており、必要がある場合はいつでも、校長に対し具体的な指示・命令を発することができるとの見解、また、教委が所管する公立学校の教育の内容・方法に関して基準を設定する場合、国の場合と異なり、大綱的基準にとどめなければならないとの制約はないとの主張が、近年、日の丸・君が代の強制をめぐって提訴された教育関係裁判において、教委側から示されている。その主要な法律上の根拠として挙げられているのは、学校教育法五条「学校の設置者は、その設置する学校を管理」するとの設置者管理主義の規定のほか、地教行法二三条に定める教委の職務権限規定である。

また、右の教育関係裁判では、学校の校長は、学校内のすべての校務について決定権を有するから、教育課程の実施のために必要がある場合は、関係教師に対し職務命令を発することができるとの考え方も出されており、その法律上の根拠として学校教育法三七条四項「校長は、校務をつかさどり、所属職員を監督する。」等の規定が挙げられている。
そこで、以下において、地教行法二三条、学校教育法三七条四項の捉え方を中心に、現行教育法制における教育課程事項に関する教委および校長の権限の根拠と限界について、法解釈上の検討を行うこととしたい[27]。

一　地教行法二三条の趣旨

（一）教委の学校管理権に関する包括的支配権説

地教行法二三条は、「教育委員会の職務権限」との条文見出しのもと、「教育委員会は、当該地方公共団体が処理する教育に関する事務で、次に掲げるものを管理し、及び執行する。」として、一号から一九号までにわたり、その対象となる事務を列挙している。その一号に「教育委員会の所管する……学校……の設置、管理及び廃止に関すること。」が掲げられており、これを主たる根拠として、学校管理に関する教育委員会の包括的な権限の存在が主張されることとなっている。

この点、文部行政解釈によれば、「管理とは、一般に、公の支配権を有するものがその支配権に基づいてその対象を規制することをいう。学校を管理するとは、学校の設置者が、学校に対する一般的な支配権をもって学校を維持し、学校の設置目的をできるだけ完全に達成させるために必要な一切の行為をなすことを意味する。したがって、学校の管理には、学校の人的要素である教職員の任免その他身分取扱い服務監督などの人的管理や、学校の物的構成要素である施設、設備、教材、教具等の維持、修繕、保管などの物的管理は当然含まれるが、そのほかの学校の活動面、いわゆる運営管理も含まれる」とされる[28]。

ここにみられる所管教委の「管理」対象事項に関する三区分論、すなわち「人的管理」・「物的管理」・「運営管理」という分類は、地教行法二三条二号から一一号までに挙げられた教委の各種の職務権限事項に対応するもので、「運営管理」とは、児童生徒の取扱い、学校の組織編制、教育課程、教材の取扱い、保健、安全、環境衛生、学校給食について所要の措置をとることだとされる。(29) そして、いずれにせよ、教委には所管公立学校に対する前述の職務権限事項のすべてにわたって全面的に無限定の包括的支配権がある、との考え方が明確に表明されている。この包括的支配権説によれば、教委には、同条各号を手がかりにして、打ち出の小槌を振るように、次から次へと無尽蔵の教育介入権限が湧き出てくることとなろう。

地教行法二三条が、はたしてこのように教委の所管公立学校に対する具体的権限行使の根拠となるかについては、現行教育法制の全体および同条の趣旨にそくして、より緻密に検討しておく必要がある。たしかに現行法制上において、各自治体の設置する公立学校は、設置者である都道府県や市町村自らがその自治事務としてこれを「管理」することとされ（学校教育法五条）、具体的にはその行政的代表機関である教委が「管理」の任に当たることになっている（地教行法二三条一号、三二条）。したがって、教委は、公立学校管理機関として、少なくとも所管公立学校の「管理」に関し何らかの権限を有してはいるが、それがどのような内容で、いかなる法的性質をもっているかという点になると、必ずしも自明であるとはいえない。

(二)　組織法上の根拠と作用法上の根拠の区別

もともと同法二三条は、見出しに「職務権限」と書かれてはいるものの、各号に掲げられた事項はいずれも「……に関すること」と概括的な表現になっており、教委の所掌事務についての組織法的な根拠規定にすぎない。そのことは同法の立案に関与した文部行政担当者の見解からも明らかであって、同法二五条（事務処理の法令準拠）

の解説において、同二三条は、「教育委員会……の職務権限の分担を定めたものに過ぎないもので、教育委員会……が……掲げる事項をすべて自由に処理できるという趣旨の規定ではない。教育委員会……が担任事務を処理するにあたっては、実体規定である法令、条例、地方公共団体の規則並びに地方公共団体の機関の定める規則及び規程に従わなければならないことは言うまでもない。」と述べられていた[30]。また、一九九〇年代末に行われた中央省庁等行政組織改革に際しては、国の行政組織に関してではあるが、各省設置法等の組織法的性格の法律の中に置かれていた所掌事務規定と権限規定のうち、後者については、過度の裁量的権限行使の誘因として機能していることが問題視され、一九九九（平成一一）年法改正において削除されるに至っている[31]。その結果、現行の文部科学省設置法についても、もっぱら四条に同省の所掌事務のリストが掲げられるにとどまっているのである。この法改正自体は中央省庁の改革という観点からなされたため、教委に関する規定はその際の見直しの対象とはならなかったものであるが、その改正の趣旨にしたがえば、地教行法二三条の条文見出しも「教育委員会の所掌事務」と改めるべきものと考えられる。ただし、現行の見出しのままであっても、同条は、その規定の体裁、内容等に照らして、教委の所掌事務（職務権限の分担）を定めたものにほかならないと解される。

したがって、所掌事務規定である地教行法二三条を教委の所管公立学校に対する具体的指示・命令権限の根拠とする見解は、組織法上の根拠と作用法上の根拠とを混同するものであって、教育行政における法治主義の観点から誤りであるといわなければならない。教委に具体的な指示・命令権が授権されているというためには、同条とは別にそれを明示する作用法上の根拠規定が必要である。かくして、教委の学校管理に関する権限は当然に包括的支配権を意味するものではなく、その具体的内容や性質については、以下に検討するように、現行教育法制の基本原理および法令の規定（地教行法その他の法律の定めによるほか、同法三三条の規定をうけて各自治体が制定する教育委員会規則の定めなど）の解釈により見定めるほかないであろう。

二　教育と教育行政の区別

（一）教育の自主性と教育行政の条件整備的性格

教委の学校管理に関する権限の内容・性質を考究する際に、まずもってふまえておかなければならない現行教育法制の基本原理として、次の点が挙げられる。

その第一は、教育と教育行政の区別である。旧教基法（昭和二二年法律二五号、以下、「旧法」という。）一〇条は、一項を教育に関する定め、二項を教育行政に関する定めと書き分けていた。それは、「人間の内面的価値に関する文化的な営みとして、党派的な政治的観念や利害によって支配されるべきでな」く、また、「教師が公権力によって特定の意見のみを教授することを強制され」てはならず、「教師と子どもとの間の直接の人格的接触を通じ、その個性に応じて行われなければならない」（最高裁学テ判決）ことが本質的に要請される教育そのものと、そうした教育を受けて人間的に成長発達する国民の権利を制度的・組織的に保障すべき立場にある教育行政とが、厳に区別されなければならないとの認識が前提にされていると考えられる。教基法（平成一八年法律一二〇号）においても、旧法一〇条に相当する一六条一項の中で教育と教育行政とを書き分けており、同様の考え方に立っているとみることができる。

第二に、教育の自主性、とりわけ教師の教育の自由の保障が挙げられる。

①教基法一六条一項は、旧法一〇条一項の文言を引き継いで、「教育は、不当な支配に服することなく」行われるべきものとしている。これは、教育という営みが他者の圧力や干渉を排除して、自主的に行われなければならないことを定めたものであり、前述の最高裁学テ判決は、教育の内容面に関する介入は、たとえそれが法令に基づく教育行政機関の行為であっても、教育の自主性をゆがめる「不当な支配」にあたる場合があると判示していた。その趣旨は、ことの性質上、国の教育行政機関であっても、自治体の教育行政機関であっても同様に解される。

②憲法二三条「学問の自由の保障」には、一定範囲との限定づきながら、普通教育機関における「教師の教育の自由」の保障が含まれている（最高裁学テ判決）。「公教育」の中核をなす学校教育では、直接に子どもの教育にあたる教師に人間的な主体性と教育専門性をかけてその教育責任を全うすることが要請され、このため普通教育にあっても、専門職である教師には教育の自主性が認められなければならない。そこで、たとえ大学教育の場合と同様の完全な教授の自由は認められないとしても、「例えば教師が公権力によって特定の意見のみを教授することを強制されないという意味において」、憲法が普通教育における「一定範囲」の教師の教育の自由を保障しているということが重要と解される。さらに、集団的な組織体制のもとで行われる学校教育活動では、こうした教師の教育の自由は、教師個人を束ねた教師集団の教育の自由（一定範囲における学校の教育自治）としてより強く保障される必要があり、それが学校に認められるべき主体性・自主性の実体と考えられる。

第三に、教育行政の条件整備的性格が挙げられる。旧法一〇条二項は、一項の教育の自主性保障をうけて、「教育行政は、この自覚のもとに、教育の目的を遂行するに必要な諸条件の整備確立を目標として行われなければならない。」とし、教育行政の条件整備的性格を明記していた。ここにいう教育条件の整備は、教育の内的事項と外的事項の区別に応じて、主として施設設備や教職員配置等の教育を支える外的条件の整備を意味するものと解されるが、教育内容・方法等に関する条件整備行政の存在を必ずしも排除するものではない。しかしながら、教育の自主性保障が前提である以上、あくまでも学校の主体性・自主性を尊重することが基本であり、教育内的事項に関する条件整備行政としては、教育水準の向上等のために行う高度な専門的水準に裏づけられた指導助言や、客観的な統計・調査資料等に基づく情報提供にできるかぎり徹することが求められる。このような教育行政の条件整備的性格について教基法一六条は明記していないが、前述のとおり、教育の自主性、とりわけ教師の教育の自由が一定範囲で現行教育法制上保障されている以上、旧法一〇条二項の趣旨を変更するものではなく、一六条の背景に同様の考え方が厳存しているとみることができる。

（二）教委と所管公立学校との関係

前述した教育と教育行政との間の原理的な区別は、公立学校教育においては、教委と所管公立学校との制度的な関係に現出される。すなわち、教委は当該自治体の教育に関する事務を主に管理・執行する教育行政機関であるのに対し、その所管に属する学校は、地教行法上においても「教育機関」（同法三〇条）として位置づけられており、教委のいわゆる出先機関ではない。教委のもつ権限の一部が校長に委任される場合があったとしても、学校が全体として教育行政の末端機関となるわけではなく、したがって、教委と校長・教師の間が単純な上命下服の関係と理解されてはならないことに注意する必要がある。

この点、教委と学校との関係において、学校に一定範囲の主体性・自主性が必要なこと自体については、文部行政関係者も認めており、地教行法三三条一項前段で、「教育委員会は、法令又は条例に違反しない限度において、その所管に属する学校……の施設、設備、組織編制、教育課程、教材の取扱その他学校……の管理運営の基本的事項について、必要な教育委員会規則を定めるものとする。」と定めた趣旨に関して、学校の管理運営を適正かつ効果的ならしめるため、管理責任者である教委に学校の管理運営に関する基本方針を明示させ、また学校自らの責任事項をも明らかにし、両者の事務分担関係を明定することによって、教育委員会の一般的支配権に服する学校に必要な一定限度の主体性を保持させようとするところにねらいがある、と説明していた(32)。

また、行政組織における上級機関の下級機関に対する指揮監督権の限界に関する一般論としても、中立・公正性の保障その他の見地から下級機関に権限行使の独立性が認められる場合には、そのような独立権限を侵してはならないとされる(33)。例えば、文部科学大臣と国立大学法人の学長との関係につき、学術研究・教育の専門性・自主性という見地からそのような制約があるものと解されており、教委と学校（校長）との関係についても、これと全く同様ではないとしてもこれに準じて理解されるべきであると考えられる。すなわち、学校はある程度主体的な存在であり自ら一定の事業活動を行うものであるから、たとえ教委に管理権があるとしても、学校が自主的に決定・処理すべき事項と教委の判断を仰いで処理すべき事項の区別、その処理に当たって従うべき準則等を明確にしておくことが、学校の活動を活発にしその効果を高めるために極めて大切だとされている(34)。地教行法三三条一項は、こうした事情を考慮したうえで、学校の管理運営の基本的事項については、同一の行政組織内部において上級機関が下級機関に対し指揮監督権を行使する場合の通常の形式である訓令・通達ではなく、あえて法規を定める場合の形式である教育委員会規則の形で定めることを義務づけることによって、指揮監督権の行使に一定の限定を付したものと解される。

かくして、教育の自主性の保障と教育行政の条件整備的性格が法原理として存在し、学校に一定範囲の主体性・自主性が確保されなければならないとする以上、教委の学校管理に関する権限は、基本的に教育条件整備に関する権限として限界が画される。たしかに、最高裁学テ判決において、「市町村教委は、市町村立の学校を所管する行政機関として、その管理権に基づき、……一般的な指示を与え、指導、助言を行うとともに、特に必要な場合には具体的な命令を発することもできる」とされてはいるが、この判示は行政調査の実施に関してなされた判断であり、行政調査の目的を遂行するために必要となる授業計画の変更やテストの実施を命じることができる根拠を述べたものであって、教育活動の内容自体に対するものではないから、条件整備権限としての性質は前提に含意されているとみるべきであろう。そこで、教委の学校管理権といっても、それは、結局、教委の所掌事務を見渡す諸権限の束を総称するものにとどまり、その実体は、所管する各学校の組織・運営を条件整備面から必要に応じて地域レベルで総合調整する権限を指すものと解される（地域的総合調整権限説[35]）。

三　教育内的事項に対する教育行政機関の関与の限界

（一）教育内的事項に関する国家的介入の抑制原則

教育内的事項に対する教育行政機関の関与の可否およびその限界に関しては、最高裁学テ判決がその基本的考え方を示しており、その判示内容をどのように理解すべきかが問題となる。同判決は、たしかに「国は、国政の一部として広く適切な教育政策を樹立、実施すべく、また、しうる者として、憲法上は、あるいは子ども自身の利益の擁護のため、あるいは子どもの成長に対する社会公共の利益と関心にこたえるため、必要かつ相当と認められる範囲において、教育内容についてもこれを決定する権能を有する」として、教育内容に対する国家的介入を「必要かつ相当と認められる範囲」で承認したが、同時に、「教育内容に対する……国家的介入についてはできるだけ抑制的であることが要請される」として、その抑制原則を説いていることに注意する必要がある。すなわち、教育が人間の内面的価値に関する文化的営みであり、政党政治のもとでの党派的な政治的観念や利害によって支配されるべきでないことに照らして、「子どもが自由かつ独立の人格として成長することを妨げるような国家的介入、例えば、誤った知識や一方的な観念を子どもに植えつけるような内容の教育を施すことを強制するようなことは、憲法二六条、一三条の規定上からも許されない」とする。この判示は、直接的には国の教育行政機関の関与についての判断であるが、ことの性質上、自治体の教育行政機関であっても共通に妥当する原則といえよう。

（二）教育課程の国家基準に関する「大綱的基準」説の意義

さらに最高裁学テ判決は、国の教育行政機関が教育の内容・方法について遵守すべき基準を設定する場合について、教師の創意工夫の尊重や教育の地方自治原則などを考慮し、「教育における機会均等の確保と全国的な一定水準の維持という目的のために必要かつ合理的と認められる大綱的なそれにとどめられるべきものと解しなければならない」として、いわゆる「大綱的基準」説を採用した。そのうえで、係争事件当時の学習指導要領の内容につき、「必ずしも法的拘束力をもって地方公共団体を制約し、又は教師を強制するのに適切でなく、また、はたしてそのように制約し、ないしは強制する趣旨であるかどうか疑わしいものが幾分含まれているとしても、……教師による創造的かつ弾力的な教育の余地や、地方ごとの特殊性を反映した個別化の余地が十分に残されており、全体としてはなお全国的な大綱的基準としての性格をもつものと認められる」と判断したのである。

教育課程に関して国家基準を定める際の限界として、ここで提示されている「大綱的基準」説の考え方にしたがえば、国の教育行政機関が行うことができる基準設定はその記載された表記のところまでであって、学習指導要領の記述内容に解釈の幅がある場合に、国の教育行政機関がその解釈権を独占するのでは、前述の趣旨に反するといえよう。

この点、一般の法令においては、その規定内容が大綱的範囲に限定されるべきとの制約は存しないから、当該法令を所管する行政機関からその規定の細目的な趣旨が行政解釈として示されることは特段問題視されず、その解釈の当否は最終的には裁判所によって判断されることとなる。これに対し、教育課程の国家的基準に関する「大綱的基準」説では、「地方ごとの特殊性を反映した個別化の余地」や「教師による創造的かつ弾力的な教育の余地」などが多分に残されていることが全国的な大綱的基準の枠内にあることの主要な理由とされるのであるから、記述内容の細目に関する解釈権はむしろ基本的に教師にあるといわなければならない。

㈢　学習指導要領の法規性

最高裁学テ判決は学習指導要領の法規性については明言しなかったが、後に伝習館高校事件に関する最高裁平成二年一月一八日判決は、特段の理由を挙げることなく、最高裁学テ判決を引用する形で学習指導要領が法規としての性質をもつものと判示した。しかしながら、平成二年判決は、学習指導要領が全体として法規の性質をもつとしたのにとどまり、必ずしもその記載内容のすべてについて（学習指導要領の隅々にまで）法規性を認めたわけではないことに注意しなければならない。一般に法規としての性格をもつ法令の中にも法的拘束力のない訓示的規定が混在していることが通例であり、また、法規性が認められる場合であっても、その記載の趣旨・内容に応じて法的拘束力には強弱がありうる。

学習指導要領のいわゆる国旗・国歌条項に関していえば、最高裁学テ判決が直接に対象とした係争事件当時の学習指導要領では、「国民の祝日などにおいて儀式を行うときには、国旗を掲揚し、君が代を斉唱させることが望ましい」と記されていたのであった。それに対して、現行の学習指導要領は、「入学式や卒業式などにおいては、その意義を踏まえ、国旗を掲揚するとともに、国歌を斉唱するよう指導するものとする」として、表現がより具体的で強いものに改められている。したがって、こうした内容の現行学習指導要領が依然として全国的な大綱的基準の枠に収まっているかどうか、その国旗・国歌条項が法規性を有するかどうかは、また別個にそれとして検討すべき問題だと考えられる。

四　教育課程編成に対する教委の関与の限界

（一）教育課程編成に関する教委の権限

さて、本題に戻り、教委が所管公立学校の教育の内容・方法に関して基準を設定する場合、国の場合と異なり、大綱的基準にとどめなければならないとの制約はないとの主張の当否について、以上の考察をもとに論じることとしたい。

前述のとおり、教育課程の国家基準である学習指導要領が、教育の地方自治原則に配慮し、「地方ごとの特殊性を反映した個別化の余地」を多分に残した全国的な大綱的基準にとどめられている趣旨に照らせば、自治体の教育行政機関である教委が、所管公立学校の教育課程に関して地域的な特性の観点から横出し的または上積み的な基準を設定することは排除されない。しかしながら、学校の主体性・自主性を確保するために、「教師による創造的かつ弾力的な教育の余地」を十分に残す必要があることは国の学習指導要領の場合と全く同様であるから、教委が行う教育課程に関する基準の設定も、やはり大綱的基準の限度で許容されうるものと解される。

もっとも、教委が所管公立学校の教育課程に関する基準を独自に設定するには、そのための法令上の根拠が必要である。この点、例えば東京都立学校の管理運営に関する規則一四条では、「学校が教育課程を編成するに当たっては、学習指導要領及び委員会が別に定める基準による。」として、教委が地方的基準を設けることが予定されているが、この基準についても大綱的基準にとどめられるべきものといえよう。これに対して、神奈川県立高等学校の管理運営に関する規則八条一項は、「高等学校の……教育課程は、高等学校学習指導要領の基準により、校長が編成する。」と定めているのみであって、独自の地方的基準を設けることは予定していないことになる。

なお、このように関係規則の定め方に着目することは、行政立法である教育委員会規則に定めさえすれば、教委が所管公立学校の教育課程事項に無制約に介入できる、ということを意味するものではない。その規定された内容が憲法および教育関係法律の趣旨に適合するか否かが、それ自体として問題になりうることはいうまでもない。

(二)　学校行事における式次第・実施方法の決定

次に、学習指導要領の「特別活動」として位置づけられ、教育課程の一環として実施される入学式・卒業式等の学校行事において、その式次第や実施方法につき、教委に具体的な指示・命令を発する権限があるかが問われる。

この点、学校行事における式次第、実施方法は、それが教育課程の一部である以上、基本的に各学校に決定権限があるというほかない。学校行事の内容やそのあり方は、本来、教科・科目の内容以上に多様で、弾力性に富んでいるとみられ、各学校ごとに創意工夫がありうる教育活動である。先に見たように学習指導要領の国旗・国歌条項では、「国旗を掲揚するとともに、国歌を斉唱するよう指導するものとする」と記すのみであるから、国旗掲揚のし方、国歌斉唱のし方、またそれらを学業の成就を祝う場である卒業式等においてどのように位置づけ、どのように「指導」するかは、各学校の自主的判断に任せられていると解される。「教育における機会均等の確保」

と「全国的な一定水準の維持」という目的のために設定される教育課程の国家基準として、同条項がはたして「必要かつ合理的」かという点でもその法規性はきわめて弱いというべきであろう。

先に述べたとおり、学習指導要領の記述内容に関する解釈権は基本的に学校・教師にあり、各学校の自主的判断が可及的に尊重されるべきものと解される。したがって、結論的に、自治体の教育行政機関である教委には、学習指導要領の国旗・国歌条項を独自に解釈して、一律かつ詳細に国旗掲揚・国歌斉唱の方法、起立等に関して指示・命令を発する権限は存しないということになる。二〇〇三（平成一五）年一〇月二三日に東京都教委教育長名で都立高校校長等に対して発せられた通達（以下、「一〇・二三通達」という。）は、卒業式などの式典の実施方法・手順等を一律かつ詳細に指定するとともに、その確実な実施のため校長に対し教師への職務命令の発令を指示するものであって、当該通達に基づく校長の職務命令に従わない教師等は服務上の責任を問われることを言明しており、各学校の自主的判断に対する教育行政機関の不当な支配・介入として、明らかに違法な権限行使であると思料される。他方、教委が、上記のように職務命令の発令を明示的に指示することなく、法的拘束力のない指導・助言として同趣旨の内容を各学校に要請すること自体は排除されないが、当該要請にしたがわない場合に服務上の責任を問うことを言明するなど事実上の強制にわたるときには、それもまた違法性を免れないであろう。

五　校長の職務命令権の範囲と限界

学校教育法三七条四項は、「校長は、校務をつかさどり、所属職員を監督する。」と定めている（同法六二条により高等学校に準用）。この規定を根拠に、校長は、学校内のすべての校務について決定権を有し、必要がある場合には、教育課程事項に関しても教師に対し具体的な職務命令を発することができるとする考え方について、最後に検討しておきたい。

前述したとおり、学校教育においては、直接に子どもの教育にあたる教師がその教育責任を全うするため、その人間的な主体性と教育専門性が相当程度に重んじられなければならない。この点で、専門職である教師には、憲法上一定範囲という限定つきであっても教育の自由が保障され、教師が公権力によって特定の意見のみを教授することを強制されたり、誤った知識や一方的な観念を子どもに植えつけるような内容の教育を施すことを強制されたりしてはならないことが要請されている。学校教育法三七条一一項「教諭は、児童の教育をつかさどる。」の規定（同法六二条により高等学校に準用）は、このことを含意し、教育が校長等の命を受けて上命下服の関係によって行われるものではないことを明示するものである。したがって、校長の校務掌理権と教師の教育の自由との関係は、前者が当然に後者に優先するとはいえず、相互の調整的な解釈が必要となろう。そこで、同条四項にいう「校務」とは、第一に、全校的に決すべき教育事項を意味し、個別教師の教育活動は含まれないと解される。また第二に、全校的教育事項であっても、教育専門職の組織体である学校の特質に照らして、校長が単独ですべて自由に決定する権限をもつわけではなく、とりわけ教育課程編成や学校行事の内容などの教育内的事項を決定するに当たっては、教師集団の教育専門的判断に基づく総意が可及的に尊重されなければならないと考えられる。

一般に、職務命令は、上命下服関係にある職務上の上司から部下に対し、その担任する事務の範囲内の事項について発せられるものであって、その内容が法令に違反するものでないかぎり許容される。これに対して、学校教育においては、ことの性質上、校長の職務命令権は前述の制約に服するものと解されるのである。たとえ全校的教育事項であっても、教育課程編成や学校行事の内容などの教育内的事項を決定する際には、校長は、まずもって教師集団に対する十分な説明と話合いによる合意の形成にできるかぎり努める必要がある。教師集団の意見表明の機会が十分に保障されず、または教師集団との話合いに誠実に応ずることなく、その大多数の意思に反して一方的に命令が行われた場合には、当該職務命令は違法との誹りを免れまい。

なお、東京都教委教育長の一〇・二三通達においては、名宛人である各校長に対して、卒業式等における国旗掲揚、国歌斉唱の実施につき職務命令の発令を指示しており、この場合、当該通達の存在と職務命令の発令とは密接不可分の関係にあると解されるから、通達が違法とされれば、それが拘束力を有するものであるとの前提でなされた職務命令も違法性を帯びることとなろう。

(27) 本章は、公立学校の卒業式等における日の丸掲揚・君が代斉唱の強制をめぐって提訴された裁判のうち、後掲の事件に関して筆者が提出した二つの意見書の内容を合体し、必要最小限の補正を加えたものを元にしている。

その一つは、神奈川県立高校教諭らが原告となって提訴した国旗国歌忠誠義務不存在確認請求事件につき、横浜地方裁判所第七民事部（平成一七年（行ウ）第四一号等事件）に提出した原告側意見書「教育課程編成に関する教育行政権の限界について」（二〇〇八年八月一一日提出）である。同事件については、その後、横浜地裁平成二一年七月一六日判決で請求が棄却され、控訴された（控訴審東京高判平二二・三・一七（却下）、上告審最決平二三・六・二二（不受理））。

そしてもう一つは、東京都立高校教諭であった原告らが国歌斉唱職務命令違反を理由とする再雇用合格取消し等に対し再雇用職員たる地位確認等を求めた事件につき、東京高等裁判所第一六民事部（平成一九年（ネ）第三九三八号地位確認等請求控訴事件）

に提出した控訴人側意見書「教育課程事項に関する教育委員会等の権限の根拠と限界」（二〇〇八年一一月一〇日提出）であり、その原審・東京地裁平成一九年六月二〇日判決（平成一六年（ワ）第一二八九六号地位確認等請求事件及び平成一七年（ワ）第一五四一五号地位確認等請求事件、判例時報二〇〇一号一三六頁）では、請求が棄却されていた（控訴審東京高判平二一・二・二三（棄却）、上告審最判平二三・七・一四（棄却））。

(28) 鈴木・前掲書注（4）二七頁。
(29) 木田宏『第三次新訂逐条解説地方教育行政の組織及び運営に関する法律』（第一法規、二〇〇三年）二五八〜二五九頁。
(30) 木田・同右二三四頁。
(31) 参照、藤田宙靖『行政組織法』（有斐閣、二〇〇五年）四二〜四三頁、稲葉・前掲論文注（24）一一三頁。
(32) 木田・前掲書注（29）二六〇〜二六一頁。
(33) 参照、藤田・前掲書注（31）八〇〜八二頁。
(34) 木田・前掲書注（29）二五九頁。
(35) 参照、兼子・前掲書注（10）四七八頁。

追記
本章の文中に記載している地教行法二三条および二五条は、現行法ではそれぞれ二一条および二四条に相当する。

第二部

教育の地方自治と教育行政権の役割

第一章　学校の自治と教育委員会の管理権

はじめに

今日の学校教育をめぐる問題は枚挙に暇がないほどであるが、なかでも子どもの自殺、校内暴力・少年非行等の総じて〝教育の荒廃〟と呼ばれる現象は、年々深刻さを増しているように思われる。そこには、公教育としての学校教育が子ども一人ひとりの成長・発達を責任をもって保障する「教育」の場になりえていない、という現実の問題がある。その原因の一つとして、教育行政と学校活動における上命下服的な「管理」の論理の先行が指摘できないだろうか。右の現象は、現代の学校があまりにも「管理された学校」[1]になっていないかという批判をこめて、教育行政を頂点とした学校管理体制の今日的問題性を示唆するものとみられる。

ところで、学校におよそいかなる意味でも自主性・創造性ないし主体性がなくてよいかと問われれば、教育行政当局者を含めて何人もこれを全面否定はしないであろう。[2]したがって、今や、学校が教育行政から完全独立してすべての面で自己充足的な自治を獲得すべきか、それとも教育委員会（以下、「教委」という。）が全般的・包括的な無限定の学校支配権を有するか、という点が学校管理権をめぐる問題の焦点なのではない。子どもの「教育を受ける権利」（憲法二六条一項）を現実的・具体的に保障していくために、学校の教育自治権と教委の学校管理権との間でどのようによく権限分配がなしうるかを現行教育法制にそくして正しく見定めることによって、はじめて問題の解明に近づくことができると考えられる。

本章では、まず学校と教委の関係を考える際に最小限ふまえておかなければならない現行教育法の基本原理を挙げ、次に、教委の学校管理権の法的性質をめぐって存在する現下の理論的対立を法制論として整理し、教育法学の観点から検討していくことにしたい。

一　教委の学校管理権をめぐる教育法原理

(一)　学校の自治と条件整備的教育行政

1　学校の自治

教委の学校管理権のあり方に関わる現行教育法原理として、「学校の自治」（学校における教育自治）を第一に挙げることができよう。憲法二六条一項は、「すべて国民は、……その能力に応じて、ひとしく教育を受ける権利を有する。」と規定しており、北海道・旭川学力テスト事件に関する最高裁昭和五一年五月二一日大法廷判決（以下、「最高裁学テ判決」という。）によれば、「この規定の背後には、国民各自が、一個の人間として、また、一市民として、成長、発達し、自己の人格を完成、実現するために必要な学習をする固有の権利を有すること、特に、みずから学習することのできない子どもは、その学習要求を充足するための教育を自己に施すことを大人一般に対して要求する権利を有するとの観念が存在していると考えられる[3]」。このように、国民の「教育を受ける権利」を国民とりわけ子どもが人間として成長・発達していく権利、学習権として捉えるならば、その実現に直接に責任を負って最もよく充足しうる立場にある者は学校教育においては教師にほかならない。子ども一人ひとりの人間的成長にきめ細かく対応し、発達の法則性を十分にふまえて、教育専門的に学習を組織していくことができるのは、日常的に子どもに接している教師だからである[4]。その意味で、教育専門職としての教師自身にも人間的主体性が要請されることはもちろん、事柄の性質上、豊かな創造性を発揮しうるような教育専門的自由（専門的自律性）が不可欠であるといわなければならない[5]。

教育基本法（以下、「教基法」という。）一〇条一項「教育は、不当な支配に服することなく、国民全体に対し直接に責任を負って行われるべきものである。」という規定は、右の教育条理を確認したものとみられ、憲法二六条、二三条（学問の自由）と相まって教師の教育の自由がここに宣明されていると考えられる[6]。ところで、現代の学校における教育は、公教育の一環として、集団的・組織的に行われたときにはじめて子どもの学習権に応えうる専門的・創造的とりくみが可能になるはずであるから、学校教師に権利として保障される教育の自由は、集団的自由としてより現代的意味を担うことになろう。このような学校の自主性が保障されてこそ、子ども・父母に対して校長を含む学校教師集団が直接に教育責任を負いうるのである。したがって、教基法一〇条一項は、学校教師集団による教育自治、学校の教育の自治の原理を含んでいるものと条理解釈できる。

なお、右の意味での学校の自治の中心的担い手が教職員集団とりわけ教育専門性を有する教師集団であることはもとよりであるが、それ以外にも、学習権主体である児童・生徒集団のほか、その教育要求に代位する父母の集団的学校教育参加のはたらきが重要とみられ[7]、現に存在する学級ＰＴＡ・学校ＰＴＡはその実質をもつしくみといってよいであろう。

2　教育行政の教育条件整備的性格

そこで、第二に、教育行政は子どもの学習権保障のためにいかなる任務を負っているかということが右と関わって問題となる。この点につき教基法一〇条二項は、「教育行政は、この自覚のもとに、教育の目的を遂行するに必要な諸条件の整備確立を目標として行われなければならない。」と定めている。つまり、創造的で教育専門的水準の高い教育を保障し、学校が子ども・父母に対して直接に教育責任を負いうるような体制をつくるため、何よりもまず学校における教育自治を尊重し自覚的・積極的にこれを擁護していくことが、教育行政に法原理的に義務づけられているということができる。その意味で、とりわけ教育の内的事項に関わる行政（教育内容行政）は、教育の専門性を全般的に高めながら学校が自主的に判断・決定していけるよう、その条件づくりを基本とするのでなければなるまい。教育専門的裏づけを欠いた教育内容の権力的画一化でなく、十分な研究・調査に基づく資料提供や水準の高い指導助言こそが求められているわけである。

ところで、現行法制上、大学の自治についてはその歴史的沿革から直接に、憲法二三条「学問の自由は、これを保障する。」の中核的部分をなすものとして保障されていると解せられ、伝統的に、教授会人事をはじめいわば国家に対する自己充足的自由として理解されてきたとみられる。これに対して学校の自治（学校における教育自治）は、たしかに伝統的大学自治の観念とは多分に異なる面を有しているといえよう。すなわち、現代公教育は国家による教育の物質的・経済的基礎の確立を不可欠の成立要素とするものであり、学校の自治は、学校施設・設備等の外的教育条件の十全な公共的整備がなされてはじめて真に保障されるところとなる[8]。教基法一〇条二項は、まさに右の趣旨において教育の外的事項にかかわる条件整備義務を教育行政に一般的に課しているのであり、その際、学校の自治は、教育行政に義務づけられた教育条件整備の主要で最も直接的な要求源として位置づけられるであろう。そこで、学校の自治に必要な条件整備については、教育専門的に見定められた学校教師集団による要求権行使のはたらきが特に重要であるとみられるほか、父母の条件整備要求についても、学校ＰＴＡ等による学校自治的とりまとめを通じて行政に向けていく筋が現行教育法原理として予定されていると考えられる。

（二）教育と教育行政の地方自治

1　教育の地方自治

教委の学校管理権をめぐる教育法原理の第三としては、「教育の地方自治」[9]（教育における文化的地域自治）が挙げられる。子どもの人間的成長・発達を保障しようとする学校教育においても、学校をとりまく「地域」とのかかわりは、それが子どもの日常的・具体的な生活の場であるだけに決して無視できないものがある。いわゆる校内暴力・少年非行等の教育問題の近年における頻発は、各々の学校内だけでなくまさに地域全体で子どもの学習権保障を捉えていく必要性を示唆しているのではなかろうか[10]。こうした意味で、教育が子どもの発達段階と地域の実情にそくしてきめ細かく行われるために、各学校の枠を超えた地域全体の教師の集団的とりくみはもちろん、憲法二三条に含まれているとみられる「国民の教育の自由」の一局面として父母・地域住民の教育参加のはたらきが相当に重視されなければならないであろう。教育はまずもって地域の教師集団と父母・地域住民の自主的組織化を通じてすぐれて文化的な営みとして行われるべきものであるという、教育における文化的地域自治の原理をふまえてはじめて、教育という事柄の性質にそくした現行教育法制の理解になりうると考えられる[11]。そして、憲法九二条「地方公共団体の組織及び運営に関する事項は、地方自治の本旨に基いて、法律でこれを定める。」という規定により憲法上保障された「地方自治の本旨」とは、教育の分野については、まさに右の趣旨において教育行政が前提とすべき「教育の地方自治」の法原理的確認を意味するものというべきであろう。(12)

ただし、教育の地方自治すなわち教育における文化的地域自治も、学校の自治と同様に現代公教育の性格上から自己充足的自由ではない。地域教育自治が実質的に保障されるためには、必要な教育条件の公共的整備への要求が行政に向けられなければならないから、その意味で、教育の地方自治も条件整備的教育行政の重要な要求源として位置づけられるといえる。父母・地域住民が、安全で良好な教育環境づくりのために学校の適正配置や通学条件保障を行政に要求するといった場合などが、この例として挙げられよう。(13)

２　教育行政の地方自治

そこで、以上に見定めてきた現行教育法原理としての学校の自治と教育の地方自治をふまえた教育行政の条件整備的はたらきは、教師集団・父母・地域住民などの自治的要求を主たる基礎として、これを地域レベルで総合調整していくしくみが制度的に保障されてはじめて実現されることになると考えられる。条件整備的教育行政はまずもって地方自治的なとりくみを通じて行われるべきものであり、その意味で、「教育行政の地方自治」の原理は、現行法制上「教育の地方自治」の具体的制度化の中心を担ってきたといいうるであろう。先の最高裁学テ判決は、右の趣旨を「教育に関する地方自治の原則」として確認しているとみられる。すなわち、「現行法制上、……教育に関する地方自治の原則が採用されているが、これは、戦前におけるような国の強い統制の下における全国的な画一的教育を排して、それぞれの地方の住民に直結した形で、各地方の実情に適応した教育を行わせるのが教育の目的及び本質に適合するとの観念に基づくものであって、このような地方自治の原則が現行教育法制における重要な基本原理の一つをなすものであることは、疑いをいれない。」

かくして「地方自治の本旨」（憲法九二条）に基づく教育行政は、中央教育行政による集権的統制・全国的画一化から独立して、それぞれの地方における学校・地域住民の条件整備的教育要求がより直接的に反映しうるように（その意味で、自治体の一般行政権からも相対的に独立して）組織・運営されるべく法原理的に要請され、そのようなしくみの根幹をなすものとして職権の独立を有する教育委員会制度が採られているわけである。(14) この点で、教委においては教育条件整備に関わる学校教師集団や父母・地域住民の多様な教育自治的参加が広く保障されてしかるべきものとみられ、(15) 他方、中央教育行政に対しては、教委は一般に、学校自治的要求と地域教育自治的要求を体しつつ主体的に対処していくことができるはずなのである。

二　教委の学校管理権の法的性質

現行法制上、各自治体の設置する公立学校は、設置者自らが自治事務としてこれを「管理」することとされているが（学校教育法五条）、具体的にはその行政的代表機関である教委が「管理」の任にあたることになる（地方教育行政の組織及び運営に関する法律（以下、「地教行法」という。）二三条一号、三二条）。したがって、教委は、公立学校「管理」機関として少なくとも所管公立学校の「管理」に関する何らかの職務権限を一般的に有するものといえる。しかし、教委に認められた学校「管理」権がどのような内容をもち、いかなる法的性質を帯びているかは必ずしも自明でなく、現下の教育界において、これを所管公立学校に対する無制約の包括的支配権とする文部当局筋の理解と、一定の法原理的限界が存するると解する教育法学説との間で分かれを生じているとみられる。ここでは、まず総じて文部行政解釈の中心をなす「包括的支配権」説を検討し、その根拠論を吟味した後に、現行教育法原理をふまえた教委の学校管理権の法的性質について論じることにしたい。

（二）「包括的支配権」説

1　学校管理権をめぐる文部行政解釈

文部当局者によれば、「管理とは、一般に、公の支配権を有するものがその支配権に基づいてその対象を規制することをいう。学校を管理するとは、学校の設置者が、学校に対する一般的な支配権をもって学校を維持し、学校の設置目的をできるだけ完全に達成させるために必要な一切の行為をなすことを意味する。したがって学校の管理には、学校の人的要素である教職員の任免その他身分取扱い服務監督などの人的管理や、学校の物的構成要素である施設、設備、教材、教具等の維持、修繕、保管などの物的管理は当然含まれるが、そのほかの学校の活動面、いわゆる運営管理も含まれるのである[16]」という。ここにみられる所管教委の「管理」対象事項に関する三区分論、すなわち「人的管理」・「物的管理」・「運営管理（児童生徒の取扱・学校の組織編制・教育課程・教材の取扱・保健・安全・学校給食について所要の措置をとること）」という分類は地教行法二三条二号〜一一号に挙げられた教委の各種の職務権限事項に対応するものといわれるが[17]、いずれにせよ、教委には所管公立学校に対する右の職務権限事項のすべてにわたって全面的に無限定の包括的支配権が存すると解されている点に注目すべきであろう。たしかに文部行政解釈においても、学校の主体性や教職員の自主性・創造性が全く否定されているわけではない。しかし、それはあくまでも運用論の域にとどまり[18]、たとえ教委が学校運営の細部にわたって具体的な指揮命令を行ったとしてもたんに当不当の問題が生ずるにすぎないとされるため、法的には無意味に等しいことになる。[19]結局、「教育委員会は、校長の上司であり、……校長の学校管理の様々な仕事やそのやり方について指揮・命令・指示をする権限と職責を持っているのである。……校長は、……教育委員会で定めた方針や規定に従って学校管理を行なっていくばかりでなく、一切の事柄について教育委員会の判断を求め、その指示にしたがって、処理すべきこととなる[20]」のだからである。

2　「包括的支配権」説の根拠論の検討

(a)　「特別権力関係」論　　従来、「包括的支配権」説を支える主要な根拠を提供してきたのは、伝統的行政法理論に依拠した「特別権力関係」論であった。この論によれば、公立学校は行政主体である地方公共団体が公の目的のために供用する人的・物的施設の総合体としての「営造物」（そのなかでも法人格をもたない非独立的営造物）の一種であるところから、教委による所管公立学校管理の法律関係は、行政主体と一般国民・住民との間に存する一般権力関係と異なり、営造物に対する管理行政庁（営造物主体）の包括的権力支配関係つまり公法上の特別権力関係に相当する。したがって、管理行政庁である教委は、営造物職員（公務員）である学校教職員に対しその上司として、具体的な法律の根拠なしに包括的支配権（特別権力）に基づいて職務上のあらゆる指揮監督を行うことができるのだ、ということになる。[21]

しかし、このような権力主義的色彩の強い理論は、行政法学上もすでに歴史的使命を終えた過去の学説になっているとみられるばかりでなく、[22]教基法六条一項が国・公・私立を問わず「法律に定める学校は、公の性質をもつものであ」ると規定してその同質性を宣明している趣旨を看過している点、さらに、公務員の勤務関係に関する伝統的な「特別権力関係」論がもっぱら身分関係（人事・服務・労働関係）について論じてきたのを越えて、職務関係すなわち学校運営上の組織権限関係にまで援用している点で問題があり、[23]現行教育法制のもとではとうてい妥当しえないというべきであろう。

(b)「教育事業経営権」論　そこで、文部当局者により右の「特別権力関係」論の補強の論理として提唱されているのが、教委の学校管理権を私立学校はじめ一般私企業の経営権と基本的には同一のものとみつつ、近代的企業経営観を背景として「学校管理について経営学的考え方を導入し、学校の有機的活動を統括し[24]」ようとする「教育事業経営権」論である。すなわち、教委は、「公権力の主体としてというよりは、事業の経営主体として、一般に事業経営者がその所属職員の経営管理に包括的な経営権、管理権を有すると同様の包括的支配権を有するものである。……その支配権の本質は、公権力に特有のものであるというよりは、事業主体に特有の支配権として、公権力の権力作用とは区別されるべきものである。」ただこの場合、法律関係の一方の当事者が一面において公権力の主体者でもあることから、公共の福祉の観点より、一般の事業主体以上に支配的地位について法の保護を受けることがある。「公法の世界において、このような包括的な支配権を一方の当事者が有するとき、そこに特別権力関係があると説明されている」というのである。[25]

この論は、結論的には全面的な包括的支配権を承認しつつも、学校「管理」を公権力による権力作用とは異質の学校設置主体による事業経営作用と見なすことになっている。したがって、たしかに表面上は従来どおり「特別権力関係」論が維持されているようにみえるが、その論理構造に相当な違いがある点に注意すべきであろう。そこで、この論においては、対象が公教育事業であることの特殊性をどのようにふまえるかが問題であり、「公共の福祉の観点」がたんに教委の包括的支配権を正当化するものとのみ結論づけられてよいかは、公教育事業の特殊性にそくして慎重に吟味される必要がある。

なお、学校管理機関の事業経営主体性を根拠として、あくまでも事業主体は法人格をもった設置者であり、法人格をもたないわが国の学校には教育事業上の主体性を認める余地がないとする議論が一部に存するが[26]、法人格の所在と学校管理に関わる組織権限関係のあり方とは論理的には一応別個の問題といってよい[27]。

㈡「地域的総合調整権限」説

教育法学説によれば、教委の所管公立学校管理権の実体は、私立学校とも基本的には共通する公教育事業経営権であるとみられるところ[28]、その法的性質の見定めにあたっては、現行教育法制下の公教育という事業に特有の法原理をふまえたものであることが要請される。すでに述べたとおり、公教育に関わる重要な教育法原理として各学校の教育自治と教育行政の条件整備的性格が厳に存する以上、教委の学校管理権は、もはや一律・全面的な包括的支配権ではありえず、全体として教育条件整備権限であるという点に原理的限界が画されていると解される。

また、教委のこのような条件整備的権限行使に際しては、その主要な要求源として各学校の教育自治と地域教育自治が位置づけられるべきことも前述のとおりであり、教委には、これらの自治的要求をとりまとめて地域レベルで総合調整していく役割が制度的に予定されていると考えられる。例えば、教職員の採用・転任人事や高校入試制度などは、右の見地に立ってこそはじめて教育条件整備的しくみになりうるはずのものといえよう。したがって、結局、地域レベルで「各学校運営を総合調整する教育条件整備権限の総体[28]」を指称するものとして、教委の学校管理権が意味づけられることになる。

ところでこのようにみてくると、現行法制上、教委や校長の職務権限として語られる学校の「管理」という概念は、学校施設設備の維持・保存・運用という狭義の「管理」（地教行法二三条二・七号、二八条一項）

を別とすれば、教育法的には所管事項を見渡す諸権限の束の総称概念としてのみ有意味であるといえるのではなかろうか。それをふみ越えて地教行法二三条二～一一号に挙げられた個別事項の細部について、ことさら「人的管理」・「運営管理」、さらには「教育課程管理」等といった指称を用いることは、それらをめぐる権限関係のしくみが必ずしも一様でなくむしろ相当の違いが存するとみられる以上、適切でないと思われる。

さらに付言すれば、地教行法二三条は、条文見出しに「職務権限」という語が書かれてはいるが、元来、教委が所掌する事務についての組織法的な根拠規定にすぎない。それゆえ同条各号に掲げられた事項は、いずれも「……に関すること」と概括的な表現になっている。教委に法律上具体的な権限が授権されているというためには、同条とは別に、特にそれを明示する作用法上の根拠規定が必要なのであり、「包括的支配権」説はこのことを全く看過しているといわざるをえまい。

（1）一九五〇年代中葉以来、旧西ドイツにおける教師の教育権保障に連なる見方として、この「管理された学校」（verwaltete Schule）という批判的定式が普及している。兼子仁「西ドイツにおける教師の教育権の独立」季刊教育法四号（一九七二年夏季号）一六二～一六五頁参照。

（2）例えば、文部当局者の手になる解説書でも「学校は……教育活動を行う組織体であって、一定の主体性を有している。とくに、教職員が学校において教育を行うにあたっては、自主性と創造性が発揮されることが要請される。」（鈴木勲『改訂・教育法規の理論と実際』（教育開発研究所、一九七九年）二八頁）と述べられている。同旨、菱村幸彦『教師のための法律常識』（第一法規、一九七九年）三八頁、文部省地方課法令研究会編著『改訂新学校管理読本』（第一法規、一九七二年）三四・

二五九頁。

（3）最大判昭五一・五・二一刑集三〇巻五号六一五頁、判例時報八一四号三三頁、判例タイムズ三三六号一三八頁。

（4）堀尾輝久『現代教育の思想と構造』（岩波書店、一九七一年）三二一～三二八頁。

（5）兼子仁『教育法［新版］』（法律学全集、有斐閣、一九七八年）二七六頁～二七七頁。

（6）周知のとおり、最高裁学テ判決でも、憲法二三条により教師に「一定の範囲における教授の自由が保障されるべきこと」が肯定された。なお、本文に掲げた教基法一〇条各項の規定は、二〇〇六年改正前の旧一〇条の条文である。

（7）本山政雄『教育裁判と教育行政の理論』（勁草書房、一九八一年）一七〇・一七二～一七三頁、神田修「教職員と父母でつくる学校の自治」季刊教育法三五号（一九八〇年春季号）四一～四三頁、榊達雄「学校の自治と職員会議」季刊教育法三八号（一九八〇年冬季号）四七～四八頁。

（8）渡辺洋三『現代法の構造』（岩波書店、一九七五年）七七～七八頁。

（9）「教育の地方自治」の原理は、広義には後に述べる教育行政の地方自治を含むものとみられるが、本章ではさしあたり教育そのものに関する地方自治という狭義において用いることとする。

（10）神田修「学校自治と教育における住民自治―その法理と制度を考えるために」日本教育法学会年報三号（一九七四年）一〇六頁は、「学校自治実現への道は、学校内において、教育自治体としてのしくみをつくり出していくことの重要性と並んで、もっと広く教育における住民自治確保と内在的に結合しなければ、実は学校がその本来仕事としている子ども・青年の学習権を保障する学校教育じたいが求められないのではないか」と指摘する。

（11）兼子・前掲書注（5）二二四頁によれば、「地域には、各学校を超えて教育内容を文化的にとりまとめていく教育制度的単位としての働きが有る。……公教育内容の文化的とりまとめは、中央の指示によって一斉に行なうのは不適当で、各地域ごとに自主的になされ、そのうえで全国的総合へと進むのでなくてはならない。この場合、地域の文化的教育自治の制度化は、現行法制においては多分に慣習法にゆだねられている」。

(12) 兼子仁・最高裁学テ判決「判例研究」別冊ジュリスト『地方自治判例百選』(一九八一年)一三頁は、「憲法・行政法的には、地方自治という統一原理も……各行政分野ないし住民生活分野ごとに異なる実質をもちうる」として、教育法制独特な「地方自治」の原理的意味あいを指摘する。

(13) 教育住民運動の実例については、例えば、山住正己編著『学校教育と住民自治』(総合労働研究所、一九七七年)、今橋盛勝「学校配置と教育条件の整備」有倉遼吉編『教育法学』(学陽書房、一九七六年)参照。

(14) 神田修「教育行政における住民自治」兼子仁・永井憲一・平原春好編『教育行政と教育法の理論』(東京大学出版会、一九七四年)一五八〜一五九頁、青木宏治「教育権と教育行政の地方自治」日本教育法学会年報八号(一九七九年)一一八〜一一九頁。

(15) 東京・中野区で一九七九年五月に成立(一九八〇年七月改正)した、いわゆる教育委員準公選条例(「中野区教育委員候補者選定に関する区民投票条例」)は、この端的な例といえよう。その他、地域住民の教委会議録閲覧・謄写申請に対する市教委の不許可処分につき、「会議公開の原則」を謳う同市教委会議規則に反し違法と判示してこれを取り消した大阪地裁昭和五五年九月二四日判決(判例時報九九二号三二頁)、「東京都立高校入学者選抜研究協議会(入選協)」(一九七二年九月設置)への父母代表委員の参加を実現させた運動につき、久笑子「東京三多摩における高校増設運動」日本教育法学会年報四号(一九七五年)八七頁参照。

(16) 鈴木・前掲書注(2)二七頁。同旨、木田宏『新訂逐条解説地方教育行政の組織及び運営に関する法律』(第一法規、一九七七年)二二二頁〜二二三頁。

(17) 木田・同右二二三頁。なお、文部行政解釈における「運営管理」概念の創出の経緯とその意義につき、平原春好『学校教育法』(総合労働研究所、一九七八年)一一六〜一一九頁参照。
(18) 文部省地方課法令研究会・前掲書注(2)三六、二五九頁。
(19) 同旨の指摘として、神田修「学校の自治と教育委員会の管理権―校務分掌としての「主任」を中心にして」立正大学文学部論叢六〇号(一九七八年)六〜八頁。
(20) 林部一二「学校管理規則―教育委員会と校長との関係」学校経営一九六二年五月号三九頁。
(21) 例えば、今村武俊『改訂教育行政の基礎知識と法律問題』(第一法規、一九六六年)一一五・一六九〜一七一頁参照。
(22) 公共施設管理権が全体として非権力的作用であることにつき、原龍之介『公物営造物法〔新版〕』(有斐閣、一九七四年)三八二〜三八三・四一一頁参照。
(23) 詳しくは、兼子仁『教育法学と教育裁判』(勁草書房、一九六九年)七一〜七三頁参照。
(24) 高石邦男「学校の管理組織―教育委員会と校長との関係」学校経営一九六〇年四月号四三頁。
(25) 木田宏『教育行政法〔全訂版〕』(良書普及会、一九六八年)一七・二一〜二五・四三〜四四頁。
(26) 例えば、鈴木・前掲書注(2)二六頁、菱村・前掲書注(2)三七頁。また、「特別権力関係」論に依拠して同旨の結論を述べるものに、今村・前掲書注(21)一六四〜一六五頁がある。
(27) 兼子仁『教育法〔旧版〕』(法律学全集、有斐閣、一九六三年)一八九〜一九〇頁。
(28) 兼子・前掲書注(5)四七八頁。

追記

本章の文中に記載している地教行法二三条は、現行法では二一条に相当する。

第二章　学校管理規則の法的意義・性質とその教育法的問題点

はじめに

「学校管理規則」とは、各自治体ごとに、教委が所管公立学校との関係や学校内の組織・運営に関する事項を定めた規則であり、現下の具体的な学校運営のあり方に直接・間接の影響を与えている制度的しくみの一つである。この学校管理規則の内容上の解釈問題を個々的に検討することも重要であるが、その前提として、学校管理規則の法的性質をどう理解すべきか、今日の教育界の状況に照らしてそのはたらきをどう評価すべきかについて考えてみることにしたい。なお、それ以前に、学校管理規則が制定されるようになった経緯やその趣旨・目的にも相当の問題を含んでいたと思われるので、まずこの点から論じていくことにする。

一　学校管理規則の制定の経緯と問題点

（一）学校管理規則の制定の経緯

周知のとおり地教行法は、一九五六（昭和三一）年、教育行政の民主化・地方分権・一般行政からの独立を理念とする戦後教育行政改革の端的な制度的反映としての旧教育委員会法（一九四八年）に代わって制定公布された法律である。学校管理規則は、その地教行法三三条一項前段「教育委員会は、法令又は条例に違反しない限度において、その所管に属する学校……の施設、設備、組織編制、教育課程、教材の取扱その他学校……の管理運営の基本的事項について、必要な教育委員会規則を定めるものとする。」を根拠規定として、文部省の強力な指導下にその後各自治体の教育委員会において制定されるようになったものである。すなわち、五六年六月には文部省より「公立小・中学校管理規則要項試案」が発表され、次いで九月に都道府県教育長協議会案が出されて規定すべき内容のモデルが各地の教委に対して示された。文部省試案によれば[29]、その規定対象は、①施設、設備に関する事項（施設・設備の整備、学校警備・防火、施設・設備の貸与）、②職員に関する事項（職員の設置・校務分掌、職員の休暇・出張）、③学級に関する事項（学級編制、学級担任）、④教育活動に関する事項（教育指導計画、特別教育活動、学校行事、その他）、⑤教材教具の取扱に関する事項（教材・教具の共同利用、教材の承認・届出）、⑥休業日に関する事項（休業日の指定、振替授業）、⑦日宿直に関する事項、と学校運営のほぼ全般にわたっており、また規定内容も、教委と校長および校長と教職員の権限関係を基本的に指揮命令系統として秩序だてようとするものになっている。

一九五八年六月現在の調査によれば、四六都道府県のうち京都・神奈川を除く全都道府県教委で何らかの規則（市町村立学校については基準または準則）がすでに制定されており、市町村教委の段階では全国市町村の八割を超える制定状況を呈していたということである[30]。このように短期間のうちに続々と制定された学校管理規則の規定内容は、たしかに各地域における教育運動的対応の力量などともかかわって若干のバラエティがみられるものの[31]、全体としては右に挙げた文部省試案と大同小異であり、「学校に対する教育委員会の統制が強められている一方、学校内部においては校長の権限が著しく強められている」[32]とも評され、また報告・届出・承認・許可などの手続事務の必要以上の煩雑化と教育活動の形式化の弊が指摘されていた。[33]

(二) 法的意義と問題点

1　学校管理規則と学校の自治

地教行法一四条一項は、「教育委員会は、法令又は条例に違反しない限りにおいて、その権限に属する事務に関し、教育委員会規則を制定することができる。」と規定している。学校管理規則は、教委が定める行政立法であるこの教育委員会規則の一種にほかならない。同法三三条一項前段の制定趣旨について、文部行政当局者は次のように述べている。「本条は、教育機関の管理を秩序あるものとし、又その運営を適正かつ効果的ならしめるため、管理の責任者である教育委員会に教育機関の管理運営に関する基本方針を明示せしめ、又一方教育機関自らの責任となるべき事項をも明らかにし、両者の事務の分担関係を明定することによって、教育委員会の一般的支配権に服する教育機関に、必要な一定限度の主体性を保持させようとするところにその狙いがある」[34]。そこで学校管理規則は、各学校に運営上の主体性をある程度保持させるため、教委が学校管理に関する包括的支配権に自己規制を加えてあらかじめ学校に対する指示・命令事項を一般的に示した行政内部規則にすぎず、学校管理規則の定める範囲を越えて「教育委員会が必要と認めたときは、随時必要な事務処理を命ずることは何ら差支えない」[35]ということになるようである。

しかしながら、この「包括的支配権の自己規制」論は、教委は、必要があれば学校管理規則の内容を超えていつでも具体的な指示・命令ができ、規則違反という問題は生じえないとするものであって、きわめて不当な見解だといわなければならない。一般に、法規範はその制定主体と規律対象の両者を拘束するものであって（法規範の両面拘束性）、たとえ行政組織内部であっても、いったん一定の準則や基準を設定した以上、その一貫性を欠いた不公正で恣意的な運用は違法と評価される。学校管理規則は、教育委員会規則としてたしかに各公立学校の校長・教師に対し拘束性をもつが、同時に教委をも拘束するものであることに注意すべきであろう。

この点、教育法学の見地からは、学校管理規則の規定内容が具体的な学校運営にかかわるものである以上、現行教育法制の一環としての学校の教育自治権を不当に侵害することのないよう解釈されるのでなければならない。そうであるとすれば、学校管理規則は、本来、各学校ごとに形成される学校運営の自治的慣行（学校の主体性・自主性）を可及的に尊重することを前提に、それらを地域的に総合調整する教委の条件整備権限を個別に見定め、確認していくべき性質のものとみるのが自然であろう。そこで、本来、学校管理規則の制定・改正に際しては、父母・住民の意見のみならず、学校関係者の自治的な判断をふまえた意見が相当程度に組み入れられる参加手続の保障が、とりわけ重視される必要がある。したがって、事柄の性質上、制定・改正過程における関係者の学校自治的な参加手続を経て、はじめて適切妥当な教育立法になりうると考えられる[36]。

なお、職員会議・校務分掌決定・ＰＴＡ運営・生活指導基準などについて学校内部規程（学校内規）が存する場合、これと学校管理規則との優劣関係が問題になる。学校管理規則は、地域的条件をふまえた学校行政慣習法として教委と学校の関係を本来規律の対象とすべきはずであるとみられるから、学校内部の組織権限上の問題については原則として学校慣習法の確認的定めとしての内規が優先するといえるのではなかろうか[37]。この点、学校管理規則に職員会議と校長の関係を規定しようとする例がままあるが、その場合には学校内規と抵触しないよう条理解釈を行う必要がある[38]。

その問題に関連して、地教行法にいう「管理運営の基本的事項」との文言には注意を要するので、付言しておきたい。元来「管理運営事項」という言い方は、一般労働法用語に由来するものと考えられるが、教育法制用語としては、教委が一定の権限をもつ「学校管理」に対して、「学校運営」は各学校における活動やとりくみを全校的かつ主体的に捉えた表現であって、各学校の主体性・自主性がそこに含意されている。したがって、「学校管理」と「学校運営」とは意識的に区別して用いることが肝要である。

2　学校管理規則と教育行政の地方自治

制定の経緯に明らかなように、学校管理規則には、文部省の強力な指導による規定内容の上からの画一化・一律化という問題がすでにはらまれていたと思われる。すなわち、教委は現行法制上、教育行政の地方自治の原理にしたがって所管公立学校管理権を文部省に対しては主体的に行使できるはずであり、学校の自治と教育の地方自治をふまえた主体的な学校管理規則づくりこそが適切な管理権行使の姿とみられる。地域の実情にそくした総合調整の結果としての規定内容の全国的多様性は、元来、現行教育法の予定するところというべきであろう。

二　学校管理規則の内容的検討

学校管理規則の規定内容は多岐にわたり、それぞれに検討すべき問題が含まれている。ここでは、教育の内的事項に関わる教育課程編成、教育の外的事項に関わる学校施設・設備の管理、それにこれらの両面を多分に有する校務分掌としての「主任」決定の三つに絞って、そこにおける教委と学校（校長・教職員）の組織権限関係のしくみを少しく吟味することとする。

（一）教育課程編成をめぐる教委と学校

教育課程・教育指導計画に関する学校管理規則の全国的規定状況を一瞥すると、[39] まず編成主体についてはこれを「校長」と記す例が一般的であり、また多くの場合、編成基準として「学習指導要領」準拠を謳っている。さらに教委との関係では、教育課程の「届出」制ないし「承認」制のいずれかが定められる傾向が強い[40]。しかし、教育課程編成権が「各学校の年間教育活動全体の内容決定権ないし年次計画の作成権[41]」を意味する以上、それは、教育内容に関する専門的自治権をもつ学校教師集団、具体的制度的には校長を含む「職員会議」（学校教育法施行規則四八条、七九条、一〇四条一項にその法令上の根拠が置かれているが、校長主宰とされていることが、当然に校長の「補助機関」を意味するものでないことに注意する必要がある。）に帰属すると解するのが最も教育条理にかなった見方であるとみられる。そこで、学校管理規則における右の「校長」という文言は、この趣旨をふまえて教育課程編成に関する職員会議の総意の形式的代表者（対外表示権者）と読まれるのが正しいであろう[42]。また、文部省告示によって示された学習指導要領がたんなる指導助言文書にすぎないことは教育法学界の通説であり[43]、教育課程に関わる教委の管理権の実体も教育内容面での条件整備的権限としての指導助言権にほかならないから、「学習指導要領」等を基準とした教育課程の教委の「承認」制は、文字どおりには教基法一〇条一項の禁ずる「不当な支配」に当たり違法といわなければなるまい。

　次に、地教行法三三条二項が、学校管理規則には「……学校における教科書以外の教材の使用について、あらかじめ、教育委員会に届け出させ、又は教育委員会の承認を受けさせることとする定を設けるものとする。」と規定したことに基づいて、ほぼ全国的に、準教科書については教委「承認」制、副読本・学習帳等については教委「届出」制とするしくみが学校管理規則中に書かれるに至っている[44]。文部行政解釈によれば、右規定の趣旨として、教材の採択・決定権は本来所管教委に属するものであり、教委はこの権限に基づいて教育的価値または父母の経済的負担等の観点から一定の教材使用に対して必要な規制を加えることができる、とされる[45]。しかし、補助教材の選定は教師の授業内容編成の具体的中身と多分にかかわっており、学校教育法二一条二項が教育専門的見地から「有益適切」な補助教材を学校において自由に使用できる旨を確認した趣旨[46]にも鑑みると、補助教材選定権もやはり学校教師集団にあると解するほかない。そこで、補助教材の教委「届出」・「承認」制にあっては、いずれにせよ、もっぱら教育的価値を理由とする不承認・使用禁止等の権力的権限行使[47]は明らかに違法（教基法一〇条一項違反）というべく、父母負担を地域的に総合調整するという外的条件整備目的においてのみ存在余地があるものと考えられる。さらに、この場合の権力的権限行使も、他面において教育行政に公教育費のできるかぎりの公的負担化が法原理的に義務づけられていることからみれば[48]、相当に限定された場面にとどまるはずである。

なお、教育課程・教育内容にかかわる学校運営事項の教委への届出は、それが文字どおりの「届出」にすぎない場合であっても、必要以上に煩雑となったときはかえって教育の創造性・自主性を阻害するおそれがある。〝ゆとり〟ある学校教育を実現するために、この際、教委届出事項の抜本的見直しが行われてよいのではなかろうか。

（二）校務分掌としての「主任」決定をめぐる教委と学校

学校の自治的運営事項を教職員が分担して行う校内組織である校務分掌は、教育活動の人的組織面をなすものとして、かねて各学校ごとに形成された慣習法的しくみとしてそれなりに多様に定着してきたとみられる[49]。ところが、一九七五年一二月二六日に学校教育法施行規則（文部省令）改正により、「調和のとれた学校運営が行なわれるためにふさわしい校務分掌の仕組みを整える」という趣旨のもとに「特に、全国的に共通した基本的なものである教務主任、学年主任、生徒指導主事等について、……それらの設置と職務内容を明確に規定し[50]」たことにともない、学校の組織編制に関する基本的事項に該当するものとして、これら「省令化主任」の設置・職務のほか発令方式に関する定めを学校管理規則に置くべきことが、文部省から求められるに至った。七六年一月に発表された文部省の「公立小中学校管理規則改正案」、「都道府県立高等学校管理規則改正案」によれば、「省令化主任」の発令方式については、A案「校長の意見を聴いて、教育委員会が命ずる」、B案「教育委員会の承認を得て、校長が命ずる」、C案「校長が命じ、教育委員会に報告しなければならない」という三案が示され、これに対して七七年四月二八日現在の全国的規定状況は、都道府県段階では、東京・神奈川・京都・大阪・沖縄の五都府県を除くすべての道県教委がほぼ文部省案にそった規則改正を実施したというものであった（ただし、A案一三、B案一〇、C案一九という分布である）(51)。

そこで右の経緯のもとに法制化された「主任」職も、たしかに、文部当局筋の見解に表れているように、「いわゆる中間管理職ではなく、それぞれの職務に係る事項について教職員間の連絡調整及び関係教職員に対する指導、助言等に当たるものであり」、「従来の校務分掌の一翼を担う主任の選び方を変えるものではないこと」(50)が、まずもって確認されてよいであろう。というのは、校務分掌とりわけ具体的教育活動に関わる教育校務分掌は、いわば「各学校の教育課程編成の人的側面」(52)ともみられ、本来、職員会議の審議による学校教職員の自治的決定に属する事項と考えられるからである。教育校務分掌としての各種主任の選定のしくみは、したがって、元来、各学校・各地域における自治的慣習法の形成に委ねられているものと解され、事柄の性質上、父母の学校自治的参加の余地すら否定できないほどなのである(53)。この意味で、学校制度法定主義の一環をなす教育条件の全国的最低基準法令で定めうる学校組織編制基準という観点からみると、教育校務分掌の全国画一的・他律的な省令化は、この範囲を越えたものになっていないか疑問なしとしない(54)。と同時に、文部省主導による教委の前述のような「主任」規則化の経緯は教育の地方自治を形骸化するものとのそしりを免れまい。

結局、学校管理規則における省令化「主任」の公式の発令方式の採用にあっても、それが校内の連絡調整・指導助言者として性格づけられる以上、あくまでも教育校務分掌自治が前提となる。したがって、前記のA・B・

C案その他いずれの発令方式が文言上採用されようとも、教委または校長の一方的な権力的権限行使としての実質をもつ「主任」発令は直ちに違法性を帯びるといわなければなるまい（教基法一〇条一項違反）。教育条理にそくした現行教育法の解釈の筋としては、教委による「発令」・「承認」も、教育校務分掌決定に関するかぎり職員会議の総意を形式的に代表して行われた校長の対外的表示を確認するという性質のものにほかならない。(55)

（三）学校施設・設備の管理をめぐる教委と学校

学校における施設・設備の整備、学校警備・防火、施設の貸与等といった学校施設・設備の管理に関する事項について、学校管理規則には一般におしなべて「校長」の権限として規定される傾向がある。ただ、このような教育外的学校運営事項に関する「校長」権限の定めがどのような法的意義を有するかについては、必ずしも一義的に明確ではない。この点たしかに、地教行法に基づき「教育財産の管理」権限（同法二八条一項、二三条二・七号）が一般的に教委に属するため、これが校長に権限委任された旨が学校管理規則によって明示されたとみることもできないではない。(56)このように解した場合は、校長はもっぱら自己の名と責任において右の権限を行使するが、同時に必要に応じて教委の指揮監督を受けることになる。

しかし、一方で校長は、学校教育法二八条三項により「校務」をつかさどることを職務とするものであり、少なくとも具体的教育活動に関わる校内施設・設備の運用・保存は学校の教育自治の直接的基礎をなすとみられるから、校長が掌理する教育外的「校務」に含まれるものと条理解釈できよう。(57)したがって、学校内の施設・設備の管理を「校長」の権限とする学校管理規則の定めは、事柄の性質にそくして学校自治的「校務」性の確認規定と読むのが正しいと考えられる。その意味で、この場合における校長の「権限」は、ひとり校長の専権というよりは教職員の学校自治的参加をふまえた最終決定権というべきではなかろうか。これに対して、教委の有する「教育財産の管理」権限には既述のとおり教育条件整備的な権限としての法原理的限界が存するはずであり、むしろ各学校の施設・設備の整備要求権に対応する地域総合調整的な外的条件整備義務の性格が強いであろう。

なお、学校施設・設備の学校教育目的外使用、いわゆる学校施設開放の許可権は学校管理規則により原則として教委から校長に権限が委任されているとみられるが（社会教育法四五条、四七条一項）、このような権限委任においても教委の指揮監督権が当然に全面的に及ぶとはいえない。許可基準となる「教育的支障」（同法四四条一項、スポーツ基本法一三条一項）の有無・程度の見定めや学校開放にともなう人的・物的条件整備要求（スポーツ基本法一三条二項）の面では開放校の学校教育に責任をもつ教職員集団や父母の学校自治的判断が不可欠であり[58]、そのかぎりで校長の施設利用許可権にも学校自治的「校務」性があると解される。

三　学校管理規則のはたらき

今日、学校の管理体制が強化されつつある厳しい教育現場の状況にあって、学校管理規則が、教委主導のもと、教委と学校との関係、また校長と他の教師との関係を一方的に規律するルールとして現実に機能していることはたしかである。しかし、その反面で、これが教委や校長の行為をも規律・拘束する定めであることにも大いに注目しておく必要があろう。

ここまで検討してきたように、学校管理規則は、教委が法律に基づいて定めた教育委員会規則（行政立法）の一種であって、「法令又は条例に違反しない限度において」所管公立学校の校長・教師を拘束するものであるが、その内容に関しては、教委が一方的にいかような規定であっても定めてよいわけではなく、現行教育法制上、一定の制約・限界があることに注意しなければならない。その意味で、まず学校管理規則の制定・改正に際して、その規定内容の憲法・法律適合性が問われなければならない。また、学校管理規則の各規定の運用にあたっても条文の読み方に解釈の余地がある場合、行政解釈がつねに正しいとはかぎらないから、より憲法・法律適合的な解釈を教育の条理にそくして追求する必要がある。さらに、日常の学校運営に際して、教委や校長の行いが学校管理規則の定めにのっとっていない場合には、規則違反とされる余地もあろう。

いずれにしても、学校管理規則には、その規定内容や問題点（規定自体の問題点か、それとも規定の運用上の問題点かは区別する必要がある。）を不断に研究し、他の自治体との比較対照を行い、規定の見直し・改正への関心を喚起するなどして、積極的に活用していく余地が多分にあるように思われる。将来的には、それらのとりくみを通じて学校関係者による自主的学校運営ルールづくりへの礎が築かれていくことを期待したい。

(29) 木田・前掲書注（25）二一四〜二一六頁にその全文が掲載されている。
(30) 山本敏夫・鈴木英一「学校管理規則の諸問題」（日本教育学会教育政策特別委員会第一部会学校管理規則小委員会中間報告、一九五八年七月）一頁。同旨、高石邦男「学校管理規則の運用について」教育委員会月報一九五八年三月号四三頁。
(31) 本山・前掲書注（7）一五七・一七九頁は、それらの相違が何故どのようにして生じたのかという「動的な分析」が重要である旨指摘する。
(32) 高野桂一「学校管理規則の役割と機能」季刊教育法一八号（一九七五年冬季号）八四頁。
(33) 高木太郎「学校管理規則と学校経営」学校経営一九五七年一二月号七・一〇〜一一頁。

(34) 木田・前掲書注(16)二二五頁。同旨、有倉遼吉・天城勲『教育関係法Ⅱ』(日本評論新社、一九五八年)二四六～二四七頁(天城勲執筆)。

(35) 高石・前掲論文注(24)四四頁。同旨、菱村・前掲書注(2)四一頁。ただし、有倉＝天城・前掲書注(34)二四七頁は、「本来の趣旨は、決して管理機関の徒らな権力的支配を強化しようとするものではなく」、管理権の内容とその発動の態様を客観的に規制することを目的とするものとしている。

(36) 兼子・前掲書注(5)四七九頁。

(37) 高野桂一『学校経営の科学化を志向する学校内部規程の研究』(明治図書、一九七六年)九一八～九一九・九七九～九八二頁、同・前掲論文注(32)八八～八九頁、篠原清昭「学校管理規則の教育法学的考察―その法理と法構造」学校経営研究四巻(一九七九年)五二頁。

(38) 校長が職員会議に「諮問する」との定め、または職員会議を「校長の諮問機関とする」旨の規定の解釈につき、兼子・前掲書注(5)四五六頁注(二)参照。

(39) 以下、全国的規定状況については、主として山本＝鈴木・前掲報告注(30)による。なお、本山政雄・榊達雄・川口彰義「学校管理の教育法的研究(1)―学校管理規則(準則)の分析」名古屋大学教育学部紀要［教育学科］一九巻(一九七二年)参照。

(40)「届出」制とするものがはるかに多いが、「承認」制を定める数少ない例として、鳥取県立学校管理規則(昭五一・四・一、教育委員会規則九号)では、「学校の教育課程は、学習指導要領……及び教育委員会が別に定める基準に基づき、校長が編成する。」(九条一項)、「校長は、前項の規定により教育課程を編成するときは、教育長の承認を受けなければならない。これを変更するときも、同様とする。」(同二項)と規定されている。

(41) 兼子・前掲書注(5)四三九頁。

(42) 同旨、室井力「学校管理規則をめぐる法律問題」季刊教育法一八号（一九七五年冬季号）九四頁。
(43) 兼子仁・東京都立大学教育判例研究会「学習指導要領の法的拘束性をめぐる学説—教育法解釈の到達点」季刊教育法三〇号（一九七八年冬季号）四三頁以下。
(44) 例えば、東京都区市町村立学校の管理運営の基準に関する規則（昭五三・七・二四、教育委員会規則二九号）一九条一項「校長は、教科書の発行されていない教科の主たる教材として使用する教科用図書（以下「準教科書」という。）については、使用開始期日三十日前までに、教育委員会の承認を求めなければならない。」、二項「校長は、学年若しくは学級全員又は特定の集団全員の教材として次のものを継続使用する場合、使用開始期日十四日前までに、教育委員会に届け出なければならない。一、教科書又は準教科書と併せて使用する副読本、解説書その他の参考書　二、学習の過程又は休業日中に使用する各種の学習帳、練習帳、日記帳の類」。
(45) 文部省地方教育行政研究会編著『全訂教師の権利と義務』（第一法規、一九七六年）一五四～一五五頁、木田・前掲書注（16）二二九～二三〇頁。
(46) 参照、平原春好『日本の教育課程—その法と行政〔第二版〕』（国土新書、一九八〇年）二〇五～二一一頁。
(47) 文部省地方教育行政研究会・前掲書注（45）一五五頁は、「……すでに校長の裁量により、あるいは届け出の手続きを終えて採用使用している教材であっても、その後において、教育委員会が有効適切でないと認めたときは、その使用を禁止する等の必要な措置をとりうる」（傍点は引用者）としている。なお、こういった「届出」の拡大解釈の問題性につき、平原・同右二〇四～二〇五頁参照。
(48) 兼子・前掲書注（5）二四〇頁。
(49) 神田・前掲論文注（19）一一〇頁。

（50）文部事務次官通達昭五一・一・一三「学校教育法施行規則の一部を改正する省令の施行について」（文初地一三六号、季刊教育法一九号（一九七六年春季特大号）七八～八〇頁所載）。
（51）相良惟一『法制化主任の職務と権限』（明治図書、一九七七年）一九六～一九八頁所載の付表「主任制実施状況」。
（52）兼子仁「『主任』制度の教育法的位置づけ」季刊教育法一九号（一九七六年春季特大号）四四頁。
（53）神田・前掲論文注（7）四七～四八頁。
（54）兼子・前掲論文注（52）四〇頁は、「校内での教師間の連絡調整・指導助言については、ほんらい各学校の自治のなかでおのずから行なわれうるはたらきであるから、全国画一的・他律的な立法化の必要は無いはずだ」とされる。なお、兼子・前掲書注（5）四七〇～四七一頁、神田・前掲論文注（19）一六～一七頁参照。
（55）兼子・前掲書注（5）四七三～四七四頁。なお、神田修「現代学校の任務と校務分掌」季刊教育法二八号（一九七八年夏季号）一三～一四頁参照。
（56）例えば、高石・前掲論文注（24）四三～四五頁参照。
（57）兼子・前掲書注（5）四六二頁。同旨、渡辺孝三『学校管理法』（高陵社書店、一九六二年）一七八・二六一～二六三頁。
（58）兼子・同右四八三頁。

追記

本章の文中に記載している教基法一〇条一項、地教行法一四条および二三条、学校教育法二一条二項および二八条三項は、現行法では、それぞれ教基法一六条一項、地教行法一五条および二一条、学校教育法三四条四項および三七条四項に相当する。

第三章　分権改革と教育の地方自治

はじめに

戦後五〇年を経て、これまでわが国の政治社会を支えてきた制度的しくみが様々な局面で歪みや限界をみせるようになってきた。国際的にも国内的にも転換期にあるといわれる今日は、まさに二一世紀を見据えた変革の時代にあるといえる。現行教育法制についてみても、戦後改革の原理の法的基礎をなした憲法・教基法の施行（一九四七年）から、その後の紆余曲折を経て半世紀が過ぎている。現在、改めてその足跡を検証し、子どもをとりまく現実的状況をふまえて、子どもの学習権をはじめとした教育人権を真に保障しうる教育制度のあり方が問い直されなければならない時期に来ているように思われる。

その点で、近年、国政レベルで展開されている行政改革の動きの一つとして、規制緩和と並んで、地方分権の推進論議が注目される。一九九五（平成七）年の地方分権推進法の制定とこれに基づいて設置された地方分権推進委員会による数次の勧告は、明治以来続いてきた日本の中央集権型行政システムを変革し、国と自治体の関係を上下・主従の関係から地方自治の本旨を基本とする対等・協力の関係に転換させて、分権型社会を創造することを改革の理念としている。そして、各行政分野ごとに具体的な検討がなされている中に、教育の分野における分権改革の指針が示されている。しかし、その際に前述の教育人権保障の観点がどのように貫かれているかが問題となろう。教育分野での地方分権が現実的な立法課題になりつつあるとみられる今、教育法学の視点から、教育における地方自治の原理、その今日的状況、そして制度改革の方向を追究することが重要だといえる。

一　戦後五〇年と教育の地方自治

（一）現行教育法における地方自治の原理

教育の地方自治の原理に関しては、憲法や教基法に特別の明文規定が置かれているわけではない。しかし、戦後教育改革の理念として教育行政の民主化、教育の自主性と並んで教育の地方分権が掲げられていたことは明らかであり、全国の都道府県・市町村に住民公選の教育委員会制度を創設する旧教育委員会法（一九四八年制定、一九五六年廃止）が制定された立法事実にこれが示されている。(59) こうした歴史的事実とともに、教育という人間的営みの特質にそくした現行教育法の解釈として、教育の地方自治の原理の根拠を確かめておくこととしたい。その際、広い意味での教育の地方自治には、教育の文化的地域自治と教育行政の地方自治とが含まれているとみられるので、以下ではこれを分けて考察する。

1　教育の文化的地域自治

教基法は、「個人の尊厳を重んじ、……普遍的にしてしかも個性ゆたかな文化の創造をめざす教育を普及徹底しなければならない」（前文）と宣言し、「教育の目的は、あらゆる機会に、あらゆる場所において実現されなければなら」ず、「実際生活に即し、自発的精神を養い、自他の敬愛と協力によって、文化の創造と発展に貢献するように努めなければならない」（二条）と定めている。

学校教育においても、子ども一人ひとりの個性を尊重し、その成長発達のし方に応じて学習する権利を現実的・具体的に保障していくためには、子どもの日常的な実際生活の場である地域の自然・社会・文化等とのかかわりが重要である。教師と子どもとの人間的触れ合いを通じた教育の営みが子どもの発達段階と地域の実情にそくしてきめ細かく行われる必要を考えるならば、まずもって学校を中心とした地域の教師と子ども・父母住民の集団的な協力によって自主的に教育の中身が創造されていくべきものといえよう。後述する教育行政の条件整備的性格から、たとえ自治体の教育行政であっても、地域における学校の教育内容を一律に決定したり画一的に具体的指示をしたりすることは、この文化的地域自治の原理に反すると考えられる。(60)

2　教育行政の地方自治

これに対して、教育行政の役割は、「教育の目的を遂行するに必要な諸条件の整備確立」（教基法一〇条二項）にある。それは主に学校の施設設備、教職員の配置・勤務条件、教育環境等の教育を良くしていくために必要な外的条件を整備していくことを目標とするものであり、教育の内容面に関しては、十分な研究・調査に基づく資料提供や教育専門的水準の高い指導助言が求められることとなる。

さらに教基法は、「教育は、不当な支配に服することなく、国民全体に対し直接に責任を負つて行われるべきものである」（一〇条一項）と規定している。戦後改革時にこの直接的教育責任の原理を行政面で制度的に具体化するものとして、「教育が不当な支配に服することなく、国民全体に対し直接に責任を負つて行われるべきであるという自覚のもとに公正な民意により、地方の実情に即した教育行政を行うために、教育委員会を設け」（旧教委法一条）ることとしたのであった。ただ、この教委の創設当時においては、戦前の教育に対する国家統制を排除することに多く関心が向けられていたため、教育委員の公選制や会議の公開などの部分を除けば、教育住民自治の側面について法制上の位置づけが明確にはなされなかった。この点で、戦後改革時の教育における地方分権の制度化は、教委どまりの分権化であったとも評される[61]。

他方、教育委員の公選制が廃止された後の現行法においても、学校等の教育施設の設置・管理その他教育に関する事務は地方自治事務とされ、また、公立学校の教育に関する事務は当該自治体の教委が管理・執行することとされている。これらの趣旨を確認した最高裁学テ判決によれば、「これは、戦前におけるような国の強い統制の下における全国的な画一的教育を排して、それぞれの地方の住民に直結した形で、各地方の実情に適応した教育を行わせるのが教育の目的及び本質に適合するとの観念に基づくものであって、このような地方自治の原則が現行教育法制における重要な基本原理の一つをなすものであることは、疑いをいれない。」とする。ただし、右の判旨は、事件の争点に関わって直接的には教育行政に関する地方自治の原理について述べたものにとどまっている。理由づけをより実質にそくして考えていくならば、その前提となる教育の文化的地域自治をふまえて教育の地方自治の原理を理解することが必要であろう。

憲法上の地方自治の保障は、通常、国に対する自治体の自主性（団体自治）と自治体内における直接民主制的な住民参加（住民自治）の保障を意味すると解されており、それは当然に教育行政にも及ぶ。ただ、「地方自治の本旨」（憲法九二条）が意味するより実質的な内容は各行政分野によって異なりうるものと考えられる。教育行政の地方自治の原理については、たんに直接民主制的な政治・行政参加という住民参政にとどまらず（もとより教育の外的条件整備に関してはこれも重要であるが）、学校を中心とした地域の文化的教育自治の存在を原理的に確認しておくことが肝要だといえよう。

（二）地教行法下における教育の地方自治の状況

次に、自治体教育行政の制度的しくみに関する現行法である地教行法のもとで、教育の地方自治原理にかかわる事項がどのような場面で論じられてきたか、その主要な問題状況をごく概略的にみておきたい。

一九五六（昭和三一）年に制定・施行された地教行法は、教育委員の任命制への転換をはじめとして、戦後教育改革によって成立した教育行政のしくみに大幅な改変をもたらすものであった。その立法趣旨は、①教育の政治的中立と教育行政の安定の確保、②国・都道府県・市町村一体としての教育行政制度の樹立、③教育行政の一般行政との調和にあるとされ、総じて教育に対する国の責任が強調されることとなった。なかでも②の考え方は、都道府県（市町村）教委の教育長任命に関する文部大臣（都道府県教委）承認制に象徴されるように、国・都道府県・市町村の教育行政を上下の関係に系列化し教育の中央集権化をもたらすものとして、教育行政の地方自治との関係で当初から大きな問題をはらんでいたといえる[62]。

また、教委はその権限の一部を教育長に委任することができるが（地教行法二五条一項）、実際には少なからぬ自治体で、委員会議決事項の方を限定的に列挙する教育委員会規則が定められてきている（規則に明示的に書かれない事項は自動的に教育長へ権限委任される）。こうした場合を含めて教育長にかなり多く権限を委任する例がみられるが、元来、教育長への過剰な権限委任は、教育委員会制度の趣旨に反し委任の限界を超えるものとして違法と解される。いずれにしても今日の教育委員会制度は、その実態において非常勤の教育委員に対し常勤の教育長の役割が相当に重きをなしていることは事実である。こうした点に鑑みると、実質的には教育長制になっているとも評しうる[63]。

兼子仁教授は、一九六〇年代末の時点で、今日の日本の教育界は「全般的恒常的な教育紛争状況」にあり、教育行政当局と教師集団との間で「学校戦争」状態をひきおこしていると指摘していたが[64]、こうした恒常的教育紛争は次のとおり教育の地方自治の問題領域にも及んでいる。

①地教行法の制定直後、一九五〇年代後半に全国の自治体で定められた公立学校の「学校管理規則」（同法三三条に基づく教育委員会規則）は、文部省が示した試案とほとんど同様の内容で、学校運営のほぼ全般にわたって、教委と校長・教職員の権限関係を基本的に指揮命令系統として秩序だてようとするものになっていた。規定内容面で、教育課程や準教科書・補助教材の教委承認制、校務分掌における各種主任の教委任命・承認制などが、学校管理体制を強化するものとして教育の自主性との関連で重要な争点となったほか、文部省の強力な指導下での制定という事態が画一的で一律の内容をもたらしているとして、教育行政の地方自治の観点から問題視された[65]。

②一九六一（昭和三六）年から六四年にかけて文部省の企画で「全国中学校一せい学力調査」（学力テスト）が実施された。地教行法五四条二項の教育事務に関する調査要求権を根拠に文部省が調査実施要綱通達を発し、教委に右調査の実施とその結果報告を求めたものであり、教育に対する不当な支配（教基法一〇条一項）にあたるなどとして教職員組合を中心に激しい反対運動が展開され、多数の裁判事件を生じている。前述の最高裁学テ判決は、「教育に関する地方自治の原則からすれば、地教委の有する教育に関する固有の権限に対する国の行政機関である文部大臣の介入、監督の権限に一定の制約が」あり、「文部大臣は、地教行法五四条二項によっては地教委に対し本件学力調査の実施をその義務として要求することができない」としつつも、結局、本件学力調査は地教委が自らの判断でその要求に応じ実行したもので、教育の地方自治の原則に反する違法はないと判示した。この結論的判断は著しく現実認識を欠くものと批判されている[66]。

③一九七三（昭和四八）年の日教組ストへの参加教師に関し、県教委の懲戒処分方針に対して一部の市町村教委が地教行法三八条一項に定める内申を行わないという事態が生じた。そこで文部省は、内申をまたずに任免人事を行うことはできないとの従来の行政解釈を変更し、都道府県教委は、最大限の努力を払ったにもかかわらずなお市町村教委が内申しないという異常な事態が起こったときには、内申がなくても任命権を行使することができるという新解釈を示す通達（昭四九・一〇・四文初地四三四号）を出した。ここには、都道府県が給与を負担する市町村立学校教職員の任免を都道府県教委の権限とする現行の「県費負担教職員」制度のもとで、文部省・都道府県教委の広域・一律的な教師人事の強行に対する市町村教委の地方的自主性の問題が現れている。[67]

④一九七八（昭和五三）年、東京・中野区議会は、住民の直接請求をうけて「教育委員候補者選定に関する区民投票条例」（教育委員準公選条例）を可決した。区長の委員任命権を侵す違法議決であるとする区長からの再議請求（区議会が再議決）・審査申立てと都知事の適法と判断する裁定を経て、七九年に同条例は公布された。これに対して、文部省より同条例を違法とする解釈（昭五五・二・二九文部省初等中等教育局長通知）が示達されたことなどから、八〇年に内容を一部改正した新条例が制定された。この条例に基づいて八一年から九三年まで四回の区民投票が実施されたが、その間、文部省や政府与党から執拗なほどに違法論が唱えられ、また文部省から改善勧告が出されるなどした。教育委員任命制の現行法のもとでも、住民投票の結果を教育委員選びの参考とする準公選の方式は長の任命権を侵すものでなく、むしろ教育の地方自治原理の重要な基盤をなす教育における住民自治を生かすものとして、適法に両立するという解釈が学説上有力である。[68]しかし、こうした状況のもとで九五年に右条例はついに廃止されてしまった。

二　地方分権の推進と教育分権改革への動き

（一）地方分権改革の動向とその内容―学校教育の分野を中心に

地方自治の憲法的保障にもかかわらず、わが国の戦後法制において地方分権はなお不徹底で全般的に不十分であったとみられる。そこで、国から自治体への権限委譲、自治体に対する国の関与の縮減などを総合的・計画的に推進するため、一九九五年に制定・施行された地方分権推進法（五年間の時限立法）は、「地方公共団体の自主性及び自立性を高め、個性豊かで活力に満ちた地域社会の実現を図ること」（二条）を基本理念とし、国は本来国が果たすべき役割を重点的に担う一方、自治体は、「住民に身近な行政は住民に身近な地方公共団体において処理するとの観点から地域における行政の自主的かつ総合的な実施の役割を広く担うべき」（四条）だとする基本方針を明示した。国は、この基本方針にそくして地方分権推進計画を作成しなければならないものとされ、その具体的指針等について調査・審議し、内閣総理大臣に勧告等を行わせるため、総理府に地方分権推進委員会が設置された[69]。

地方分権推進委員会（以下、「分権委」という。）は、発足以来、短期間のうちに集中的・精力的に審議等を行い、数次にわたる報告・勧告を通じて地方分権改革の具体的方向を提示している。その概要を学校教育の分野を中心にみると次のとおりである。

（1）中間報告（九六年三月）[70]

「分権型社会の創造」と題された中間報告は、旧来の中央省庁主導の縦割り・画一行政システムを住民主導の個性的で総合的な行政システムに変革し、国と自治体の関係を現行の上下・主従関係から新しい対等・協力関係へ改めることとして、国と地方の新しい関係について、その役割分担の原則から、事務の区分と国の関与のあり方、相互の関係調整ルール、自治体組織面での必置規制や国・地方財政関係の見直し、自治体の行政体制等の整備まで幅広く整理・検討している。なかでも「わが国の中央集権型行政システムの中核的部分」にある「機関委任事務制度そのものを廃止する決断をすべきである」と述べ、五六一項目（都道府県三七九、市町村一八二）に及ぶ国からの機関委任事務を原則として自治体の「自治事務」（仮称）、例外的に「法定受託事務」（仮称）に移し替えることを提言した点が注目された。

教育の分野では、義務教育制度に関する検討の視点として、「教師と子供たちとのふれあいの現場を重視する」、「教育委員会のあり方について、その担うべき事務の範囲やその活性化の方策も含め、見直しが必要」の二つを挙げている。改革項目の例示としては、ａ教育課程編成の一層の弾力化と自治体の役割を重視する方向での見直し、ｂ就学校の指定（機関委任事務）の自治事務化、ｃ義務教育費国庫負担制度にかかる各種手続の大幅な簡素化が示唆され、また、教育長の任命承認制については、今日これを維持すべき合理的理由を見出せないとして廃止の方向で検討するものとされた。なお、幼稚園・保育所に関しても、各制度の弾力化、両制度の連携強化を図る方向が示されている。

（2）第一次勧告（九六年一二月）[71]

機関委任事務制度の廃止、これにともなう自治体の事務の自治事務と法定受託事務への区分、両事務に対する国の関与の類型的差異などがより具体化された。従前の機関委任事務のうち、関係省庁と合意に達した約三割の事務について新たな事務区分への振り分けが明示されたが、法定受託事務の割合が多いなど中間報告より後退したとの批判も生じている。なお、国庫補助負担金の整理合理化や地方税財源の充実確保の問題に関する「中間とりまとめ」が付された。

教育の分野では、a教育課程基準のいっそうの大綱化・弾力化、b教育長任命承認制の廃止、c地教行法に定める文部大臣の教委に対する関与の見直し、d義務教育費国庫負担金に関する各種事務手続の大幅な簡素合理化、e幼稚園・保育所の施設共用化等の弾力的運用などが挙げられ、また、機関委任事務について、学齢簿編製・就学校指定、学級編制基準設定・認可の自治事務化と理科教育振興法等に基づく補助金交付の法定受託事務化がうち出された。

（3）第二次勧告（九七年七月）[72]

第一次勧告で未決着であった機関委任事務区分への振り分けが概ね終えられたが、国の強い関与が残る法定受託事務が四割に達するなど当初の方針からさらに後退したともみられている。国の関与を認める自治事務の限定列挙、都市計画に関する権限委譲と国の関与の縮減、国・自治体関係ルールの一部についての最終成案が示されたほか、新たに必置規制の廃止・緩和項目、国の地方出先機関見直しの視点、国庫補助負担金の整理合理化と運用・関与の改革、地方一般財源の充実確保策が加えられた。さらに、都道府県・市町村間の事務配分の考え方や市町村に対する国・都道府県の関与のあり方、地方行政体制の整備・確立へ向けた改革方策（行革の推進、住民参加の拡大・多様化など六項目）が述べられている。

学校教育の分野における機関委任事務については、a都道府県の自治事務とするもの——市町村立高校・障害児学校・幼稚園や私立学校等の設置認可、教育職員免許状の授与等、県費負担教職員の任免等、市町村の教育事務の管理・執行に関する措置要求、教科書採択地区の設定など、b市町村の自治事務とするもの——就学義務の猶予・免除、小学校等の就学時健診の実施など、c都道府県の法定受託事務とするもの――学校法人の設立認可、教科書展示会の開催・目録の学校配布等、教育関係の各種負担金・補助金交付事務など、d市町村の法定受託事務とするもの――採択教科書需要数の報告、教科書の受領・給付が挙げられた。

（4）第三次勧告（九七年九月）

地方事務官制度（社会保険、職安関係）の廃止と国の直接執行事務化、駐留軍用地特別措置法に基づく土地等の使用・収用に関する事務等（機関委任事務）の取扱いを内容とするものである。

（5）第四次勧告（九七年一〇月）

従前の機関委任事務のうち未決着であった事務の新たな区分への振り分け、従前の団体委任事務に対する国の関与のあり方、都道府県から市町村への権限委譲（三四項目）のほか、国・自治体間の紛争について勧告権をもつ「国地方係争処理委員会」（仮称）を設置するとの成案が示された。

学校教育に関しては、市町村立学校の学期の決定を都道府県から市町村の権限に移すこととしている。

（二）教育分権改革への動き

これらの分権委の諸勧告を受けて、教育行政の分野における地方分権化へのとりくみが始まる。分権委第一次勧告後の一九九七（平成九）年一月に文部省が発表した「教育改革プログラム」の中に、地方教育行政システムの改善として教育長の任命承認制の廃止方針が盛り込まれ、教委の活性化策を含めて国と地方の関係などを抜本的に見直す作業を進めることとなった。そして、同省内に設けられた調査研究協力者会議が、九月、教育委員会制度の改革の方向について、①教育長の任命承認制の廃止と自主的人材登用ルール（議会同意制、任期制の導入など）の確立、②学校の管理運営・予算等に関する教委権限の校長への可及的委譲、③教育委員選任等をはじめ教育行政に住民の意向を反映させるしくみの検討などを柱とした報告書を出した。これをふまえて、中央教育審議会に「今後の地方教育行政のあり方」としてその具体的な見直し策が諮問されるに至った[73]。

かくして地教行法の制定から四一年を経て、地方分権論議の国民世論の全体動向の中でようやく教育の地方自治を実現する改革への一歩が踏み出されたといえる。もっとも、現下の教育分権に関する議論は、なお文部省と教委・校長の間における権限再配分の問題を主とした教育行政の地方自治のレベルにとどまっており、学校の自治や子ども・父母の学校教育参加をはじめとした教育の文化的地域自治の面については、教育関係者の意識改革を含めて今後の理論的・実践的なとりくみが肝要であろう。

三　教育における地方分権の課題

以上のような地方分権の推進と教育分権改革の動き、とりわけ分権委の勧告が現実化することによって教育の場で何が変わるのか（どのような制度的条件が形成されるのか）がまずもって問題となる。勧告の意義と今後に残された課題について検討しておくこととしたい。

（一）規制緩和と地方分権

地方分権は、自治体の自治責任（団体自治）の拡大と地域住民の自己決定権（住民自治）の拡充を基本理念とし、他方、近年同時並行して進められている規制緩和は、企業・国民の活動に関する自己責任の原則の確立と市場原理に立つ自由な経済社会の形成をめざすものとされている。両者は国の行政改革における〝車の両輪〟ともいわれ、目的は異なるものの、いずれも従来の国主導の中央集権型行政システムを変革しようとするものであって、これらが実施されることにより、自治体や国民の自主的活動とともに自己責任の領域も飛躍的に拡大することとなる。

ところで、〝地方分権〟とは、法論理的には主に国の権限を自治体に移すことを意味するものであるが、地方分権推進法上では自治体やその機関の事務処理等に対する国の規制的な関与等を縮減することも含まれている。これに対して〝規制緩和〟は、国や自治体が企業・国民の活動への法令等による義務づけや許認可等の規制的権限を縮減することを内容とすることから、国の権限の整理・縮少、運用の弾力化という面では両者に共通する部分がある。そのため、教育の分野に関する地方分権と規制緩和をめぐる現在の議論状況をみると、多分に両者が混在し、文部省の権限を整理・縮少して教委の地方的自主性を強めるべき事項と、教育行政上の規制を少なくして教育人権の主体としての学校教師や子ども、父母・住民の自由な選択に委ねるべき事項との区別が十分に整理されていないように思われる。(74)

例えば、①地方分権の方針の中で謳われた教育課程の国家基準の大綱化・弾力化（分権委第一次勧告）や教科書採択地区設定の都道府県自治事務化（同第二次勧告）は、教育課程編成権や教科書採択権の所在に関わっており、むしろ規制緩和の問題として適切に位置づけられるべきであると考えられる。一方、②規制緩和策として語られた学校選択の弾力化（行政改革委員会規制緩和小委員会報告一九九六・一二・五など）は、まずもって就学校指定・変更をめぐる教委の自主的な裁量判断の問題と考えれば地方分権の課題といえよう。このように、両者の議論は、教育行政の条件整備的性格とそれに対する教育の内的事項に関する「教育の自由」の保障という教育法制における内外事項区分論に大いに関わっており、教育法学の見地からの十分な理論的整理を要するとみられる。なお、教育における規制緩和の問題は、すでに一九八〇年代中葉に、当時の臨時教育審議会（臨教審）によって出された教育改革に関する諸答申でその方向が示されていたが、そこには経済社会における市場原理に基づいた自由競争主義の観点からの〝教育の自由化〟という考え方が濃厚であった(75)。しかし、どの子どもにも能力の発達のし方に応じて等しく成長を保障していくために必要な教育制度的条件を整備することは、元来、憲法・教基法により教育行政に課せられた責務にほかならない。規制緩和にも、子どもの学習権保障のために真に必要な規制とこれを阻害する無用な規制を的確に峻別する視点が大いに求められよう。

（二）国の学校監督行政とその限界

教育に対する国の関与に限界があることはつとに最高裁学テ判決が認めたところであり、「教育に関する地方自治の原則」との関係では、「地教委の有する教育に関する固有の権限に対する国の行政機関である文部大臣の介入、監督の権限に一定の制約が存」し、教育における機会均等の確保や全国的な一定の教育水準の維持などの目的のために必要かつ合理的な範囲にとどめなければならないとしていた。さらに地方分権推進法四条は、国と自治体との役割分担において国が本来果たすべきなのは、「国際社会における国家としての存立にかかわる事務」のほか、「全国的に統一して定めることが望ましい国民の諸活動若しくは地方自治に関する基本的な準則に関する事務」、「全国的な規模で若しくは全国的な視点に立って行わなければならない施策及び事業の実施」などであると明示している。

憲法二六条一項が「すべて国民は、法律の定めるところにより、……教育を受ける権利を有する。」と規定していることは、教育の外的条件整備に関する法律主義を意味するものであり、そこには公教育に関する学校制度法定主義の原理が含まれていると解される(76)。この見地からは義務教育制度や学校体系（学校種別とその構成）、教員資格など、全国一律に定められるべき事項は国の立法によるものとされ、法定の学校制度を維持するのに必要な範囲で国の学校監督行政が認められうることになる。こうした国の学校監督行政として、現行法制上、①学校設置監督（国立学校の設置、公私立大学・高専等の設置認可等）、②学校制度的基準に関する省令制定（学級編制、教員の配置基準、教科目、授業時数、学年、入学・卒業要件その他の学校設置基準をなす組織編制・施設設備等）、③教員免許行政、④就学義務監督（大部分は機関委任事務）、⑤教育委員会への指揮監督などが行われている。[77]

分権委の勧告では、これらのうち①に関しては、市町村立の高校・障害児学校・幼稚園や私立学校（大学・高専を除く）の設置認可等を都道府県の自治事務とし、学校法人の設立認可を都道府県の法定受託事務としている。②では、公立義務教育学校の学級規模基準設定の都道府県自治事務化、市町村立義務教育学校の学級編制に関する都道府県教委認可制の廃止と市町村自治事務化（都道府県と要合意）、市町村立学校の学期決定の都道府県から市町村への権限委譲が提示され、また、国から無償給付される義務教育教科書の採択制については、都道府県教委の指導・助言・援助、教科書採択地区設定を自治事務とし、教科書展示会開催・教科書目録の学校配布（都道府県）と教科書需要数の報告、教科書の受領・給付を法定受託事務とする。③では教育職員免許状の授与等、教育職員検定の都道府県自治事務化、④では学齢簿編製・就学校指定の自治事務化、就学義務の猶予・免除、小学校等の就学時健診の市町村自治事務化が謳われている。さらに、⑤に関しては、教育長任命承認制の廃止のほか、地教行法に定める文部大臣の教委に対する関与について、機関委任事務に関する指揮監督（同法五五条）を廃止し、法令違反や不適正な教育事務の管理・執行に対する措置要求（同五二条）と指導・助言・援助（同四八条）は、新たに一般ルール法で定められる国の関与類型に留意しつつ見直すこととした。

このように一覧すると、分権委勧告は、従来から批判の強かった教育長任命承認制の廃止をはじめとして、学校教育に関わる国の機関委任事務の多くを自治事務化する方針をうち出しており、その方向自体は基本的に評価できる。ただ、分権委では従前の機関委任事務の新たな事務区分への割り振りの議論に重点がおかれたため、国の学校監督行政の中でも、省令・告示等による学校制度的基準の設定などのような現行の国の直接執行事務が「国が本来果たすべき役割」として必要かつ合理的な範囲・程度にとどまっているか否かといった問題の検討は、一部を除いてほとんどなされないまま残されているとみられる。また、分権委の審議過程においては、検討対象となる具体的項目の選定などに関して地方からの要求としては主に地方六団体などの意見が参考にされたことから、学校の教育自治や教育の住民自治にとって重要な問題であっても自治体教委の行政当局が地方分権の問題として必ずしも強く意識していないような事項は、元来、焦点になりにくかったともいえる。今後、教育分権が本格的に進められ、国から自治体への大幅な権限委譲がなされるためには、教育における機会均等の確保や全国的な教育水準の維持といった国の関与の根拠を具体的に分析しつつ、学校制度の法定にともなう国の学校監督行政の限界をより明確化していく必要があろう。

(三)　教育における地方自治の拡充と学校の自治

教育分野における地方分権の進展は、自治体教委が国に対して自主的に判断・決定できる領域の拡大をもたらすこととなる。それは、たんに自治体教委の権限が強化されるだけではなく、その判断・決定が住民や教育関係者の意思に基づいて、地域の実情にそくして行われなければならないということを意味するものである。こうした教育における地方自治・住民自治の観点から、次のような問題を指摘することができる。

1　都道府県教委と市町村教委の関係

国の機関委任事務に関する現行教育法制は、市町村教委への指揮監督を含めて国の機関としての都道府県教委の権限を多く定めている。この点、分権委の第二次勧告では、「市町村において適切に処理され得る事務については、極力、市町村が処理するよう、事務の配分を行うこと」とし、他方、都道府県の事務については、広域にわたるもの、一般の市町村が処理することが不適当であると認められる程度の規模のものを基本として、「統一的な処理を必要とする事務や市町村に関する連絡調整の事務は必要最小限のものとする」という、市町村中心主義の一般方針が示された。それにもかかわらず、先に一覧したように、学校教育に関する機関委任事務の新たな振り分けではなお相当数の事項が都道府県の自治事務とされており、市町村中心主義の原則は未だ十分には貫かれていない（例えば、教職員人事に関して、県費負担教職員の任免等が市町村からの法定受託事務でなく、都道府県の自治事務とされたことにも大いに検討の余地がある）。「住民に身近な行政は住民に身近な地方公共団体において処理するとの観点」（地方分権推進法四条）は、教育の文化的地域自治の原理とあいまって、まさに教育分野においていっそう重視されるべきであろう。

２　教育関係条例づくりの重要性

教育分野における地方分権改革は、自治体が自主的に行う教育行政の範囲を大幅に広げることになるが、それは同時に、自治立法権のはたらきとして条例の役割が重きをなしてくることを意味する。教育に関する条例としては、従来から学校等の公立教育施設の設置条例、教職員の定数条例や給与条例、公立高校等の授業料徴収条例など法律上必要的な条例が通例であったほか、義務教育費父母負担禁止条例、奨学資金貸与条例、学校事故見舞金条例のように自治体独自に制定されたものも少なくない。しかしこれらは、多分に学校教育の組織・財政面を主とした議会立法的な条件整備にとどまってきたとみられる。

これに対して、前述した中野区教育委員準公選条例は一種の政策決定参加型の条例であり、住民からの直接請求に基づいて教育における住民自治の充実を図る新しい試みであった。その点では、同じ中野区で、右条例廃止後に新たに制定された「教育行政における区民参加に関する条例」（一九九七年三月二六日施行）と「教育委員候補者区民推薦制度要綱」（一九九六年四月一日施行）が注目される。前者は、「区民の意思が教育行政に適切に反映されるべきであるとの認識に基づいて」（同条例一条）、教育行政における区民参加の原則を確認するとともに、区民参加の形態・方法や配慮事項等に関する指針を定めるものであり、後者は、教育委員の任命に際して広く区民の声を反映させるために、区長が区民から教育委員候補者の推薦を受けるしくみとその手続を定めている。(78)

今回の地方分権改革に際しても、自治体はその行政体制の整備・確立にあたって「行政の公正の確保と透明性の向上及び住民参加の充実のための措置」（地方分権推進法七条一項）を講ずべきこととされており、これをうけて分権委第一次勧告は、教育長任命承認制の廃止にともなって「教育行政に地域住民の意向を反映するための方策」の検討を求めている。近年の情報公開条例、個人情報保護条例など、一般行政に関して制定された条例の教育委員会・公立学校への適用が、旧来の閉鎖的な教育行政慣行の是正に大きな効果をもたらしている事実は重要であるが、本来的には、教育の性質にそくした制度的しくみづくりが父母・住民をはじめとした教育関係者の自主的努力によってめざされるべきであろう。その対象や内容の選定については慎重な検討が必要であるが、新たな教育関係条例の制定へ向けての直接請求運動も今日的な教育問題への対処の手だてとして重視されてよいと思われる。(79)

3　教育の住民自治と学校の自治

教育の地方自治の基礎にあるのが、教育という文化的営みの性質にそくした地域的自治であることはすでに述べた。教育分野における地方分権は、直接的には教育行政に関する地方自治の強化を目的とするものであるが、こうした教育の文化的地域自治を尊重しつつ必要な教育条件を整備していくためには、地域の父母住民の意思が自治体教育行政に適切に反映するようにしなければならないであろう。教委の活性化にあたっても、教育行政における住民自治の充実が不可欠である。

ところで、教育とりわけ学校教育の分野においては、何よりも子どもの成長発達が十分に保障されるために、教育専門家である教師の人間的主体性と集団的自律性（学校の自治）が重んじられる必要がある。この点で、他の行政分野（ないし住民生活分野）と異なる教育の住民自治の特質は、教育行政への直接民主制的な住民参加と並んで、同時に学校の自治が保障されなければならないことにあるとみられる。もっともこの場合、学校の自治は、教師の独善を意味するものではなく、子ども・父母等からの教育要求に対して学校・教師が自らの教育専門性をかけて真に責任をもって応えていく〝開かれた自治〟でなければならない。

そこで、教育分権改革にあたっては、教育行政への住民参加の充実とともに、教委どまりでない〝分権内分権〟の課題として、学校への権限委譲が積極的に検討されるべきであるように思われる。元来、教育の内容面に関わる子ども・父母等の要求はまずもって直接に学校に対して向けられるべきものであり、学校の自治の保障は、まさにこうした子ども・父母等の有意味な学校教育参加のための重要な前提条件をなすといえよう。

（59）鈴木英一『教育行政』（東京大学出版会、一九七〇年）四〇八～四一二頁、同「教育委員会制度の意義―公選制の歴史に即して」日本教育法学会編・講座教育法六巻『教育の地方自治』（エイデル研究所、一九八一年）一〇七頁以下など参照。

(60) 兼子・前掲書注(5)一二四頁は、この教育の文化的地域自治をもって、「文化のにない手としての国民の教育の自由の一発展形態をなす」原理であるとしている。なお、本章で掲げている教基法の前文および各条の規定は、二〇〇六年改正前の前文および条文である。
(61) 神田修「教育行政と学校における〝地域〟の位置と論理」教育学研究四一巻二号(一九七四年)一一四頁。
(62) 森田道雄「現行教育委員会制度と地方教育行政法解釈」日本教育法学会年報八号(一九七九年)一三八頁以下、古野博明「任命制教育委員会の歴史―地方教育行政法の成立と展開」日本教育法学会編・講座教育法六巻『教育の地方自治』(エイデル研究所、一九八一年)一二五頁以下、内野正幸「地方教育行政の組織及び運営に関する法律(地教行法)」季刊教育法一一〇号(一九九七年)七三頁など参照。
(63) 同旨、西山邦一「教育制度における地方分権の課題―学校教育制度を中心に」自治体問題研究所編『解説と資料・地方分権の焦点』(自治体研究社、一九九六年)一五五～一五六頁。
(64) 兼子・前掲書注(23)四頁。
(65) 詳しくは、本書八六～八八頁を参照。
(66) 室井力「学力調査実施の手続上の適法性」判例時報八一四号一一頁など。
(67) 福岡県教委内申ぬき懲戒処分取消請求事件に関し、福岡地判昭五二・一二・二七判例時報八七七号一七頁(請求認容)、福岡高判昭五六・一一・二七判例時報一〇二六号三〇頁(原判決取消し、請求棄却)、最一判昭六一・三・一三判例時報一一八七号二四頁(上告棄却)。
(68) 兼子仁「教育委員『準公選条例』をめぐる法律論」ジュリスト六八四号(一九七九年)三二頁、同「教育委員準公選条例の意義と合法性」季刊教育法三一号(一九七九年)八四頁、同「教育委員準公選条例は合法である」季刊教育法六六号(一九八六年)

八五頁など。

(69) 地方分権推進法の成立の経緯・背景や地方分権をめぐる法的問題については、兼子仁・村上順『地方分権』(弘文堂、一九九五年)、成田頼明『地方分権への道程』(良善普及会、一九九七年) など参照。

(70) 地方分権推進委員会事務局編『分権型社会の創造—地方分権推進委員会中間報告』(ぎょうせい、一九九六年)。なお、自治研究七二巻五号一二五頁以下、同七二巻六号一三三頁以下、地方自治五八一号別冊付録にも収録されている。

(71) 自治研究七三巻二号一一九頁以下、地方自治五九一号別冊付録所収。なお、成田頼明「地方分権推進委員会第一次勧告について」自治研究七三巻三号 (一九九七年) 三頁、兼子仁「地方分権の推進」判例タイムズ九三一号九二頁など参照。

(72) 以下の第二次勧告については自治研究七三巻八号一一六頁以下、同七三巻九号一三五頁以下、地方自治五九七号別冊付録所収、第三次勧告については自治研究七三巻一〇号一三六頁以下、地方自治六〇一号別冊付録所収、第四次勧告については自治研究七三巻一一号一五六頁以下、同七三巻一二号一三一頁以下、同七四巻一号一一七頁以下、地方自治六〇一号別冊付録所収。

(73) 文部省「教育改革プログラム」の骨子は、季刊教育法一〇九号 (一九九七年) 二頁所収。なお、神奈川新聞一九九七年一月一五日朝刊、朝日新聞同年七月八日夕刊、九月一四日朝刊、九月三〇日夕刊など参照。

(74) 教育規制緩和の動向については、田子健「教育分野の規制緩和をめぐる動き」教育六一四号 (一九九七年六月号) 一一七頁。なお、野原明「教育における分権と『学習指導要領』」都市問題八八巻三号 (一九九七年三月号) 三三頁など参照。

(75) 室井修「ポスト臨教審の学校教育」都市問題八八巻三号三頁、竹内俊子「教育行政における『規制緩和』『自由化』」行財政研究三一号 (一九九七年) 五四頁など参照。

(76) 兼子・前掲書注 (5) 二四七頁。

(77) 国と自治体との教育事務配分に関する研究として、渡辺孝三「初等教育事務の配分に関する制度的検討 (一・二)」教育学研究

二三巻二号（一九五六年）一〇頁、同三号四五頁、神田光啓「『学校教育法』における地方自治原理」岐阜大学研究報告（人文科学）二二号（一九七四年）一〇八頁、古野博明「戦後教育立法と教育行政の事務配分」北海道大学教育学部紀要二六号（一九七六年）一二六頁、紙野健二ほか「教育事務配分法制の総合的検討」日本教育法学会編・講座教育法六巻『教育の地方自治』（エイデル研究所、一九八一年）六六頁など参照。

(78) 廣田全男「教育行政への市民参加―中野区教育委員選任をめぐって」都市問題八八巻三号七一頁参照。

(79) 参照、青木宏治「教育権と教育行政の地方自治」日本教育法学会年報八号一二〇頁、同「地方教育立法の役割―条例・教育委員会規則と地方自治」日本教育法学会編・講座教育法六巻『教育の地方自治』（エイデル研究所、一九八一年）四六〜四八頁、九州大学教育行政学研究室『資料・教育法制(2)―市町村自治体における教育関係条例・規則の事例紹介』（一九八五年三月）。

第四章　教育委員会制度と教育における直接責任の原理

はじめに

自治体の首長と並ぶ執行機関として、その教育行政を担う教育委員会（以下、「教委」という。）が形骸化していると批判されて久しい。一九八六年の臨時教育審議会（臨教審）第二次答申を契機として、文部省（当時。二〇〇一年一月より文部科学省）を中心に教委の活性化へ向けた論議がなされたものの、結局は運用上の改善策が講じられたにとどまり、その後は論議自体も停滞してしまっていた。そのため近年では、教委はもはや無用としてその廃止論まで出てきている。(80) こうした状況に対して、一九九五年に制定された地方分権推進法に基づく地方分権改革は、教育の分野においても国の関与を縮減し、自治体教育行政の自主性を強める方向での大幅な制度改正を主眼としていた点で、戦後の教育行政に重要な画期をもたらしたといえる。地方分権推進委員会の数次にわたる勧告自体にもなお都道府県中心の分権という限界があり、いわばその外圧をうけて行われた中央教育審議会（中教審）の審議・答申の段階、さらにその後の文部省における法律改正の立案段階では、必ずしも勧告の趣旨や答申の内容が生かされたとはいえない部分が少なからずあるが、ともかくも関係法律等の所要の改正が行われ、二〇〇〇年度から教育委員会制度が新たな装いのもとにスタートした。

わが国の教育委員会制度は、戦後当初に、教基法[81]一〇条一項に定められた「教育における直接責任」の原理を教育行政組織面で具体化するために、旧教育委員会法（一九四八年制定、一九五六年廃止）により教育委員を住民の直接選挙で選ぶ公選制教委のしくみとして発足した。その後の戦後改革の見直しにより、首長任命制に切り替えられた地教行法の体制は、その点で、この教育における直接責任の原理との関係に元来重要な問題を含んでいたということができる。その意味で、新体制となった教委に関して、改めてその組織構成の基本的考え方を検討することが今日的な課題となるように思われる。本章では、教育委員会制度を主に教育における直接責任の原理との関係という視点から分析し、地教行法における教委の組織改正の意義と問題点の検討を通して、この原理を教育行政の組織構成面で制度的に具体化していくための道筋を考察することとしたい。

一　新地教行法下の教委の組織構成

一九九九（平成一一）年七月に成立した地方分権の推進を図るための関係法律の整備等に関する法律（以下、「地方分権一括法」という。）により、文教関係では、文部省設置法、地教行法をはじめ二一法律の改正規定が二〇〇〇年四月から施行された。その中でもとりわけ地教行法が大幅に改正され、自治体教育行政の組織、権限等に関する制度的な改編が行われたことが注目される。国の機関委任事務に関する指揮監督権、基準設定権等が廃止され、教委の自主的権限が拡大されることとなったが、以下では、教委の組織構成原則の改変を中心に、新地教行法（以下、適宜「旧法」、「新法」という。）の改正内容を概観する。

（一）教育長任命承認制度の廃止

教委の指揮監督のもとに、事務局を統括する常勤の一般職である教育長について、都道府県教委（市町村教委）が文部大臣（都道府県教委）の承認を得て任命するという「教育長任命承認制度」（旧法一六条二・三項、旧文部省設置法五条七号）は、国、都道府県、市町村の連携により一体としての教育行政制度を樹立することを目的とし、そのために教育長に適材を確保することを名目に導入された。しかし、この制度に対しては、自治体内の人事に関して国が権力的に関与するものとして、当初から地方自治の本旨（憲法九二条）に反するとの批判が強く出され、事実、文部大臣が承認を拒否して教育長が空席となる事例も生じた。

今回の地方分権改革の過程で、まず地方分権推進委員会より、今日これを維持すべき合理的理由を見出せないとして廃止が勧告され（一九九六年一二月、第一次勧告）、国の「地方分権推進計画」（九八年五月、閣議決定）にもその旨明記された。これをうけて中教審答申（同年九月）では、この制度を廃止するとともに、教育長への適材確保のうえで自治体内部における選任手続をより慎重なものとするためとして、任命に際し議会の同意を要することとする提言がなされた。この議会同意制の導入に関しては、「今後ますます多様化する教育行政上の課題に適切に対応し、主体的かつ積極的に施策を展開していくに際して、教育長が直接議会から信任を得ることが、そのリーダーシップを高める上でも、住民に対する責任を明らかにする上でも、極めて効果的である」とも付言されている。

こうした経緯のもとで、最終的に新地教行法では、教育長任命承認制度を定めた旧一六条二・三項が削除されるとともに、その選任について議会の同意を要する教委の委員（以下、適宜「教育委員」という。）のうちから、教委が教育長を任命することとされた（新一六条二項）。このため、教育長の職には教育委員としての任期（四年）が適用される。教育長としては従来どおり常勤の一般職地方公務員であるが、教育委員の身分を失えば同時に失職することとなる（新一六条三・四項）。

（二）教育長の教育委員兼任制

旧法では、市町村の教育長に関して、当該市町村教委の委員のうちから任命するという教育委員兼任制がとられていた（旧法一六条三項）。これは地教行法が制定された一九五六（昭和三一）年当時の市町村、特に小規模町村の財政事情等の実情を勘案し、行政組織の簡素化を図る観点からとられた措置だといわれている。しかしこの制度については、かねてより、①教育長を選任する対象範囲が教育委員に限定され、委員以外から広く教育長への適任者を求めることができないこと、②教委の指揮監督のもとで教育長が事務を掌るという教育委員会制度の原則にそぐわず、両者の立場の混在によりその役割・責任が不明確となること、③市町村長が教育委員を任命する際に、当初から教育長候補者を含めて選任することになるため、教委による任命は形式的な追認にとどまり、実質的には市町村長が教育長を選考していること、などの問題が指摘されてきた。[82]

そこで、一九八八（昭和六三）年に国会に提出された地教行法改正案（継続審議の後、九〇年に廃案）で市町村教育長の専任化が盛り込まれたのをはじめ、地方分権推進委員会の勧告等をうけて現行制度の見直しを行った文部省「二一世紀に向けた地方教育行政の在り方に関する調査研究協力者会議」の論点整理（九七年九月一九日）、次いで前述の中教審九八年答申においても、市町村教委の充実を図る観点から市町村教育長の専任化が提言されていた。

しかしながら、新法では、改正へ向けてのこうした動向に反して、市町村教育長の教育委員兼任制を従来どおり存置するとともに、むしろ都道府県教育長にもこれを拡大して一般制度化することとなった（新一六条二〜四項）。その事情については必ずしも十分な説明がなされているとはいえないが、執行機関の補助機関である教育長について議会同意制の特別職とすることは、他の行政委員会制度等に与える影響が大きく、地方行政改革の観点から慎重な対応が必要であることが理由として挙げられている。[83]

（三）教育委員定数の弾力化

教育委員の定数は、旧法では全国一律に五人と定められ、例外的に町村教委に関しては、当該町村の条例で三人とすることができることとされていた（旧法三条）。これは、行政方針その他の重要事項を決定する執行機関としての能率化、簡素化等を考え合わせて、合議体としての適当な規模という観点によるものといわれているが、教育に関する民意の適切な反映という点では十分な数とはいえず、また人口規模や財政上の水準状況等への配慮に欠けるとの批判も存した。[84]中教審九八年答申では、地域住民の多様な意向を教育行政に反映するため、より幅広い分野から教育委員が構成されることが必要であるとして、教育委員に多様な人材を確保する観点から、都道府県、市町村ともに現行と同様その数を原則五人としつつも、都道府県および市については、条例で例えば七人とできるなど弾力化を図るよう提言がなされた。

これに対して新法は、教育委員の定数を従来どおり原則五人とする一方で、都道府県および指定都市等では条例により六人、町村等では条例により三人とすることができることとした（新三条）。右の提言と異なり、条例による増員を六人にとどめ、またその対象を都道府県のほか指定都市等に限定した理由については、行財政改革や他の行政委員会との均衡など地方行政制度全体との整合性が挙げられている。[85]

二　教委と直接的教育責任

以上に概要を整理した教委の組織構成面での改革は、自治体教育行政の地方自治、とりわけ教育における住民自治の拡充という観点からどのように評価できるであろうか。教育における直接責任の原理に関する検討をふまえて、その意義と主要な問題点を摘示しておきたい。

（一）教育における直接責任の原理

(1)　教基法一〇条一項「教育は、不当な支配に服することなく、国民全体に対し直接に責任を負つて行われるべきものである。」は、教育の自主性を保障する趣旨の規定であり、最高裁学テ判決でも、「必要かつ合理的」な範囲における教育内容等の行政的決定の余地を認めつつ、教育の自主性尊重の見地から教育に対する行政権力の不当、不要の介入は排除され、教育行政機関が法律を運用する場合においても「不当な支配」とならないよう配慮すべく拘束をうけるとされた。これは、右条項にいう「不当な支配」の解釈をめぐる争いに判例上の結着をつけたものとみられるが、それに続く「国民全体に対し直接に責任を負つて」の意味に関しては言及されていない。ここに宣明された教育における直接責任（直接的教育責任）の原理は、教師の教育の自由と学校の教育自治の条理上の存在を根拠づけるものとして重要視されるが、現行法上その十分な制度化が行われてこなかったため、解釈法理としては一般理念的なものにとどまり、従来必ずしもその意義・内容が明確化されてこなかった。

そしてこの点では、地教行法の前身にあたる旧教育委員会法において、「教育が不当な支配に服することなく、国民全体に対し直接に責任を負つて行われるべきであるという自覚のもとに公正な民意により、地方の実情に即した教育行政を行うために、教育委員会を設け」（一条）ると定めた趣旨が、今日的に再評価されてよいであろう。地教行法下の教育委員会制度についても、その設置の目的が「それぞれの地方の住民に直結した形で、各地方の実情に適応した教育を行わせる」という教育の地方自治の原則と結びついていることが、先の最高裁学テ判決で認められている。その際に、前者では、戦後改革時に直接的教育責任の原理を教育行政の組織構成面で具体化する手立てとして、住民の直接公選による教育委員会制度を創設することにより、教育に関する行政的施策・方針等の決定が議会を通して間接的にではなく、直接に地域の住民全体に対し責任を負う形でなされるべきだというあり方を示したことになる。もっとも、教基法一〇条が教育と教育行政とを区別し、項を書き分けていることを考慮すると、一項の教育における直接責任は厳密には文字どおり教育自体に関する法原理を定めていると解される。しかし、これをうけて二項が「この自覚のもとに」教育行政が果たすべき任務を定めていることに鑑みて、教育行政の責任のあり方にもこの原理が派生的に及び、その趣旨をできるだけ生かすことが求められる。そして、そのことが教育の地方自治とりわけ教育行政の住民自治の原理に独特の内容を加味しているといえよう。この場合、制度的具体化にあたっての教育委員公選制という方式の是非に関してはなお様々な議論の余地があるとしても、その背景にある考え方、すなわち教育行政組織の構成原理の重要な一つが公正な民意の反映を通じた直接責任性の確保にあるという捉え方については、現代的に求められる制度改革における基本的な視座として依然として肝要だと考えられる。

これに対し、「国民全体の教育意思は、憲法の採用する議会制民主主義の下においては、国民全体の意思の決定の唯一のルートである国会の法律制定を通じて具体化されるべきものである」という旧来の文部行政解釈は、教育を国政の一部と捉える観点から、国政の基本が議会民主制である以上、教育行政権ももっぱら国民を政治的に代表する議会に対して行政責任を果たせば足りるとするものである。しかし、議会民主制的な行政責任は、国民に対する関係ではあくまでも議会を通しての間接的な責任にとどまるから、この論理は、教基法の定める直接的教育責任の原理にそわないといえよう。

(2)　他方、近年の一般行政における動きの一つとして、二〇〇一（平成一三）年四月から施行された国の行政機関情報公開法をはじめ、自治体の情報公開条例にも国民・住民に対する「説明責務」（説明責任）が明記されるようになってきた。この「説明責務」という語は、諸外国の情報公開法の多くに掲げられている主権者国民に対して政府が負うアカウンタビリティ（accountability）に相当する言葉として、行政情報の原則的公開を根拠づけるために採用されたものとされる。[86] アカウンタビリティは、主に行政学の分野で、国民主権国家において主権者である国民の信託を受けた政府は、自らの諸活動の目的・効果等を議会や国民に対して説明・弁明しなければならず、その応答責任を政府が果たすことにより、国政に対する国民の的確な監視・参加が可能となり、主権者としての責任ある意思形成が促進されるという考え方を意味する用語として使われてきたが、ここに「説明責務」という表現で正式に法令用語化されたことになる。その際、それが、議会制間接民主主義の国政に関して議院内閣制を採用するわが国においても、国民主権の理念を実質化するために、行政府は、立法府に対してだけでなく、国民に対して直接にアカウンタビリティを負うという見方につながっている点が、格別に重要であるとみられる。

このようにして今日、主に情報公開制度との関連ではあるが、一般行政において直接民主制的な要素を含む説明責任（アカウンタビリティ）の観念が形成されつつあることは、教育法制にとってどのような意味をもつであろうか。この点では、一九六〇年代後半から、アメリカやイギリスで教育におけるアカウンタビリティの問題が論じられていることが注目される。そこでは、増大する教育費の抑制や子どもの低学力問題などを背景に、父母・住民・納税者等に対する教師・学校や教育行政機関の教育成果・学習成績を確保する責任（成果検証責任）なども問われ、そのための効果測定・評価の方法や基準、評価結果の活用などが議論の対象となっている。[87] その中でも教師の専門職性に由来する説明責任に関しては、わが国の現行教育法制においては、親の教育要求権に対応して教師・学校に教育専門的な応答・説明義務が条理上あるものと解され、それは直接的教育責任の原理によって裏づけられる。[88] これに対して公的資金を使用する立場での教師・学校の成果検証責任については、そもそも教育における「成果」とは何かが根本的に問われなければならないとみられ、公正で客観的な評価方法・基準の定立可能性の有無を含めて慎重に考慮する必要があるように思われる。他方、教育行政の説明責任や成果検証責任は、それが教育の条件整備的な事項に関するものであるかぎり、わが国の現行教育法制でも教育行政の住民自治の原理に基づく行政的アカウンタビリティとして、今後その具体化が重要な課題となろう。

（二）教育委員の選任方法

分権推進委第一次勧告が、「教育行政に地域住民の意向を反映するための方策等、教育委員会の活性化のための方策について検討する」と述べたのをうけて、文部省調査研究協力者会議の論点整理（報告書）では、教育委員の選任について、「現行の首長が任命する制度に則り、首長の判断により、首長が教育委員を選考し議会に同意を求めるに際して地域住民の意向をより踏まえたものとするための工夫を講じることについて検討が必要」だと指摘していた。さらに、中教審九八年答申でも、現行の首長任命・議会同意制を維持しつつ、「教育委員の構成分野……をより広範にする観点、学識経験者等の意見・推薦等を取り入れる観点、教育委員の選任の基準や理由、経過等を地域住民に明らかにする観点などから」、各自治体において様々な工夫を講じることが必要とされた。しかしながら新地教行法では、教育委員の選任方法を定めた四条の規定は一言一句手が付けられないまま残された。

一連の審議の経過においては、結局、首長任命・議会同意制を維持することが所与の前提とされ、選任方法自体の当否について根本的な検討はなされなかったことになる。現行制度の趣旨が、「地域住民と教育委員会との関係については、教育委員会の事務の執行に関して、地域住民から選挙で選ばれた議員で構成される地方議会が一般的関与を行うことが基本である」（前記の調査協力者会議報告書）ということにあるのだとすれば、これは議会を通しての間接責任のしくみにほかならない。加えて、自治体の政治行政を代表する首長と政治選挙によって構成された議会による教育委員の選任人事では、時としてその両者間または議会内における政党・党派間の政争の具となるおそれも否定できないから、元来、教育行政の政治・行政的中立の確保という点で問題を含んでいる。このように考えると、今次の法改正は、直接的教育責任の原理にそくして教育委員の選任に地域住民の意向を反映するという点では、きわめて不十分なものにとどまったと評価せざるをえまい。ただし、首長任命・議会同意制のもとで教育委員の選任を公正かつ適切に行うため、その選任の過程に地域住民の意向をしかるべく反映させるという観点は残されており、それは多分に、各自治体における今後の様々な制度的工夫に委ねられている。旧法下で一部の自治体が試みた住民投票の結果を首長の教育委員選任の参考とせしめる教育委員準公選制[89]、住民または住民団体による推薦制[90]などは、その意味で今日的に再評価されてよいと考えられる。

なお、教育委員の定数の弾力化については、その上限である六人の中に教育長を兼任する委員が含まれている以上、現行とさほど変わらず、地域住民の多様な意向を反映するよう幅広い分野から教育委員を構成するという改革の趣旨は、今次の法改正に生かされていないといえよう。

(三)　教委と教育長の関係

教育長の選任に関して、地方自治の観点からかねてより違憲の疑いが強いと指摘されてきた教育長任命承認制度が廃止されたことは、画期的と評価することができる。しかしながら、それに代わる選任方法として、従来より市町村で行われてきた教育長の教育委員兼任制を都道府県にも拡大したことは、同制度に内在していた前述のような問題を一般化することになろう。とりわけ、教委の指揮監督をうける立場にある教育長が、自らその委員会の構成員でもあるというしくみには、教育委員会制度の本来的趣旨に照らして軽視できない問題点があるように思われる。もともと教委の活性化が近年論じられるようになった背景には、教育委員がしだいに名誉職化し、また教委の所掌する事務の多くが教育長へ権限委任される傾向もともなって、委員会の役割が多分に低下しているという現状がある。今や教委は事実上教育長の諮問機関のような立場に置かれ、実質的には教育長制になっているとも評されている。こうした事態に対して、教育長の教育委員兼任制の採用は、教育長制の実質をよりいっそう強めることになるおそれがある。

なお、教委の委員長と教育長との兼任の禁止（新一二条一項）はその役割の相違から当然といえるが、さらに、教育長は、委員兼任であっても「議事について助言する」（一七条二項）立場に徹すべきものと考えられる。

かくして新地教行法下の教育長の位置づけはやや変則的なものとなり、それだけに教育長に適材を得るための人選がいっそう重要性を増しているといえよう。その意味で、教育長の候補者を全国公募した例（福島・三春町など）は、公正かつ適切な選任を確保するうえでの一つの試みとして注目に値する。教育や教育行政に関する専門性が要請される教育長の人選についても、教育委員の選任と合わせて、開かれた手続的なルールづくりに各自治体が創意工夫をこらしていくことが期待される。

三　教委と教育住民自治の課題

地方分権の新時代を迎えた今、装いを新たにした教委の組織体制のもとで、直接的教育責任の原理を生かした教育行政を実現していくためには、教育における地域自治の充実が不可欠である。その中には、住民に最も身近な基礎的行政組織である市町村教委の自主的権限をより強化するとともに、都道府県教委との役割分担をいっそう市町村本位に見直す（広域人事行政をめぐる県費負担教職員制度の問題など）といったような、地方分権をさらに推し進める法改正が必要な課題も存するが、ここでは当面、地域・自治体レベルで実現可能とみられる主要な課題を検討しておくこととしたい。この場合、法律に基づく全国一律の教育委員会制度のもとでも、教育住民自治の具体的な形態に関しては、地域の実情にそくして多様な制度的選択の余地がありうるということが肝要であろう。(91)

(二) 直接責任原理の地域立法による制度化

教基法上の直接的教育責任の原理が一般的・理念的な内容にとどまることなく、教育行政のあり方に現実に生かされるようにするために、これをより具体化した地域立法を条例や教育委員会規則等の形式で定めることも、一つの有効な方法として検討されてよいと思われる。(92) 教育における住民自治を充実・強化していく基本的前提として、教育行政の地方自治的な責任体制を明確化し、地域住民の教育行政参加の機会を保障するとともに、その要求や意向を適切に反映した施策を展開する行政の姿勢を明示することが、これからの自治体教育行政にますます求められるようになっている。また、他方で、教育の専門的自律性の観点から、学校の自治の尊重と学校を支援する条件整備的役割の徹底も必要である。その具体的なあり方をめぐっては地域によって多様な試行がなされうるとみられ、制度化するのにふさわしい事項の選択には慎重な検討を要するが、直接的教育責任の原理を地域立法で適宜に制度化して教育住民自治を確実に保障することで、教委の活性化も図られるといえよう。その点では、東京・中野区が教育委員準公選制の経験を経て、教育行政における住民参加の原則、住民参加の形態・方法や配慮事項等に関する指針などを内容とする「教育行政における区民参加に関する条例」（一九九七年三月施行）を定めたことが、貴重な参考例となっている。(93)

（二）教育行政の公開と参加

こうした教育行政への住民参加を促進していくための基本条件として、教委の公開性を確保することが格別に重要である。この点、中教審九八年答申は、「教育行政に関する説明責任」を重視する見地から、地域住民の意向を把握し反映する方策として教委の会議の公開・傍聴の推進、公聴会・説明会・意見交換会の開催などの提案をしていた。これまで情報公開条例をもつ自治体では、住民からの請求に基づいて会議録をはじめとした教育行政文書等の公開がなされてきたが、意思形成過程をより公正・透明なものにするためには、それを超えて「会議の公開原則」が制度化される必要がある。さらに、一部の自治体で行われている夜間の会議開催や定例会以外の教育広聴集会の実施なども、公開の会議が実質的な審議の場になるための工夫として高く評価されてよいであろう。

（三）教育行政の独自性と地域総合行政

教育委員会制度は、一般の政治行政からの教育行政の中立性を確保するしくみとして特色をもち、教委はその所掌事務について首長部局から独立して権限を行使することとされている。しかし、教委事務局の職員は、首長によって採用された一般事務職の出向者であるのが通例であり、また、市町村教委の指導主事の職に教職員の人事異動にともない小・中学校の教師が配属される場合、都道府県教委の任免権のもとで、身分的にも都道府県の職員であるかのような意識をもちがちだといわれている。さらに教育事務の予算執行に関しては、教委に予算執行の権限がないため、首長が教委事務局の職員に補助執行させるという方法（地方自治法一八〇条の二）が多く行われている。これらの事情から、事務執行の組織的・制度的実態としては、首長部局からの独立性も相対的なものにとどまり、むしろ市町村立学校の管理運営に関して市町村教委の意向が反映されにくいとの指摘もなされている。[94]

他方で、近年、多発する少年犯罪・非行、児童虐待などを背景とした青少年保護や子ども福祉の施策、生涯学習社会のもとでの生涯学習を中核としたまちづくり、コミュニティ施策などが、首長部局主導で行われるようになっている。こうした地域社会の生活環境や生活条件の整備にかかわる問題は、たしかに教委の所掌する事務の範囲を超え出る部分があると考えられる。そこで首長部局の立場からは、教育行政の一般行政からの独立・中立性は自治体が地域総合的にこのような施策を展開していく際の阻害要因になっている、という見方も生じることとなる。[95]

しかしながら、元来、学校教育においても、子どもの人間的な成長発達を現実的・具体的に保障していくためには、学校内だけでなく、学校をとりまく地域の自然・社会・文化等の子どもの日常的な生育環境が、十分良好な状態に保全されている必要がある。教育の目的は、実際生活にそくして「あらゆる機会に、あらゆる場所において実現されなければならない」（教基法二条）のであって、教育に関する施策を遂行するうえでも、人々の生活圏である「地域」には格別に重要な意義がある。その意味で、これからの教委には、学校の管理運営を超えた地域社会の問題に対しても消極的な姿勢に終始することなく、教育の自主性と直接責任性が全うされるよう努めるとともに、首長部局との綿密な連携・協力のもとで、むしろ文化的なリーダーシップを発揮することが求められるように思われる。これは、自主性を増した教育行政と地域総合行政との自治体レベルの新たな組織内調整の問題として、積極的なとりくみが期待される分野であるということができよう。

(80) 教委の現状と問題点については、柿沼昌芳・永野恒雄編著『迷走する教育委員会―その虚像と実像』(批評社、二〇〇〇年)参照。

(81) 本章で言及する教育基本法(教基法)の各規定は、二〇〇六年改正前の条文である。改正教基法では本文にいう「教育における直接責任」を定めた明文規定は削除されたが、教育の条理に照らして同原理の存在は否定できないと解される。

(82) 兼子仁「地教行法下の教育長のしくみ」季刊教育法五七号(一九八五年)一三〇頁、徳永保『改正地教行法Q&A』(ぎょうせい、二〇〇〇年)五八頁。

(83) 徳永・同右五七頁。

(84) 永井憲一編『基本法コンメンタール教育関係法』(別冊法学セミナー、日本評論社、一九九二年)一七七頁(小笠原正執筆)。なお、荒牧重人ほか編『新基本法コンメンタール教育関係法』(別冊法学セミナー、日本評論社、二〇一五年)二〇九頁(横井敏郎執筆)も参照。

(85) 徳永・前掲書注(82)三四頁。

(86) 宇賀克也『情報公開法の逐条解説』(一九九九年、有斐閣)一三〜一四頁。ただし、こうした用法はアカウンタビリティ概念が本来的にもつ意義の一部を示すにすぎず、むしろ行政の外部的・第三者的統制の観点が重要である旨の指摘について、鈴木庸夫「アカウンタビリティと行政法理論―オーストラリア行政法の視点から」佐藤幸治・清水敬次編・園部逸夫先生古稀記念『憲法裁判と行政訴訟』(有斐閣、一九九九年)六二一・六二七〜六二八頁参照。

(87) 参照、平原春好『教育行政学』(東京大学出版会、一九九三年)二七一〜二七二頁、浦野東洋一『教育法と教育行政』(エイデル研究所、一九九三年)四四〜五〇頁。なお、沖清豪「イギリスの教育行政機関における公共性―非省庁型公共機関(NDPB)とそのアカウンタビリティ」教育学研究六七巻四号(二〇〇〇年)三九七〜三九八頁は、教育におけるアカウンタビリティの概念の多義性を指摘する。

(88) 兼子・前掲書注(5)三〇〇～三〇二頁。

(89) その合法解釈につき、兼子仁「教育委員準公選条例の合法論」兼子仁・市川須美子編著『日本の自由教育法学』(学陽書房、一九九八年)二一七頁以下参照。

(90) 中野区の教育委員候補者区民推薦制については兼子・同右論文二三八頁、沖縄でとりくまれた団体推薦制については伊ケ崎暁生「日本の教育と教育委員会―その歴史と教訓」伊ケ崎暁生・兼子仁・神田修・三上昭彦『教育委員準公選―教育を父母・住民の手に』(労働旬報社、一九八〇年)六一頁以下参照。

(91) 同旨、三上昭彦「教育委員会制度改革の動向と展望」日本教育法学会年報二八号(有斐閣、一九九九年)一〇五頁。

(92) 同旨、永井編・前掲書注(84)六八頁(今橋盛勝執筆)。

(93) 参照、兼子・前掲論文注(89)二三八～二四一頁、廣田全男「教育行政への市民参加―中野区の教育委員選任をめぐって」都市問題八八巻三号(一九九七年)七一頁。

(94) 千葉勇夫・北村實・提中富和『自治体法学ゼミナール』(中央経済社、一九九八年)一六二～一六三・一七〇頁(提中富和執筆)。

(95) 西山邦一「教育委員会の組織・権限の現状と課題」日本教育法学会年報二八号八九～九一頁。

追記

本章で検討の対象とした地教行法の各規定は、一九九九年の地方分権一括法の制定にともなう同法改正に基づいている。教育委員会の組織構成等については、その後、二〇一四年の地教行法改正により大幅な改変がなされているが、その内容に関しては次章を参照されたい。

第五章　地教行法の変遷と教育委員会制度

はじめに

本章は、現行教育法制における主要な教育関係法律の一つである地教行法（地方教育行政の組織及び運営に関する法律）について、その前身である旧教育委員会法の時代を含めて、その骨格をなす教育委員会制度に焦点を当てながら、同法の改正の動きと同法に関わる問題状況を整理・分析するものである。ただし、旧教育委員会法の時代については前史的に簡単に触れるにとどめ、とりわけ一九七〇年代以降の教育法制の改変とそれをめぐる教育法学の対応を中心に検討することとしたい。

一　戦後教育改革と旧教育委員会法

（一）戦後教育改革の理念と旧教育委員会法の成立

1　戦後教育改革の理念と旧教育基本法

現行憲法の制定にともなう戦後教育改革は、明治憲法下の天皇制国家体制に奉仕する中央集権的・画一主義的教育への反省から、教育の民主化、教育の自主性、教育の地方分権を理念とするものであった。これらの教育改革理念は、一九四七（昭和二二）年に成立した旧教基法の各条文に必ずしも明記はされなかったが、教育の民主化に関しては同法前文、教育の自主性に関しては同法一〇条、教育の地方分権に関しては同法二条および一〇条にその趣旨が表れているということができる。

2　旧教育委員会法の成立とその特色

教育行政制度の改革立法として一九四八（昭和二三）年に制定された旧教育委員会法（以下、「旧法」という。）は、①教育行政の民衆統制、②教育行政の一般行政からの独立、③教育行政の地方分権化を図ることをめざして、アメリカ型の教育委員会を制度化するものであった。同法一条は、「この法律は、教育が不当な支配に服することなく、国民全体に対し直接に責任を負つて行われるべきであるという自覚のもとに公正な民意により、地方の実情に即した教育行政を行うために、教育委員会を設け、教育本来の目的を達成することを目的とする。」と定め、旧教基法一〇条一項が規定する直接的教育責任（教育における直接責任）の原理を行政制度面で具体化しようとするものであることを明らかにしていた。

教委は、行政委員会（合議型の独立行政機関）の一種として、都道府県・市町村にそれぞれ首長とは別立てに設置された地方自治法上の執行機関であり、旧法には、次のような制度が規定されていた。すなわち、教委の委員を有権者住民が直接選挙して選出する教育委員住民公選制（旧法九条～二八条）、教委の会議の公開制（同三七条）、教委が任命する教育長を教育専門職と位置づけ、教育職員免許状の保有者であることを要件とする教育長の教職免許状主義（同四一条二項）のほか、教委の所掌に係る予算につきその案を作成し首長に送付する予算原案送付権限（同五六条）などが、注目される主要な特色であった。

（二）旧法下の教育委員会制度をめぐる議論

1　教育委員選挙の段階的実施

教委は、当初は都道府県・五大市のみ義務的設置とされ、その後段階的に全国の市町村に広がった。一九四八（昭和二三）年の第一回教育委員選挙では、全都道府県・五大市のほか任意設置の二一市一六町九村で選挙が行われ、教委が発足した。一九五〇（昭和二五）年度までに全市町村設置の予定は延期され、一九五〇年の第二回教育委員選挙で新たに一五市が加わり、一九五二（昭和二七）年の第三回教育委員選挙を経て、ようやく全市町村に教委が設置されるに至った。(96)

2　主要な議論

その間に生じていた主要な議論として、次のようなものがある。第一に設置単位の適正規模として、小規模市町村までの一律設置の是非などの問題、第二に委員選任方法として、直接公選制につき現職教員等の立候補禁止の是非のほか、立候補の推薦連署制（一九五〇年廃止）、棄権率の高さをはじめとした組織力利用による政治選挙化への危惧などの問題、第三に首長との関係として、両者の権限調整に関する解釈上の疑義や一般行政との調和への懸念などの問題が論じられていた。(97)

これらの議論の背景には、教育委員会制度の導入が理念先行で拙速になされたという受け止め方、またこの制度自体がわが国の実情にそくしていないといった抵抗感や、直接公選制の採用が選挙運動の政治化・組織的利用を招き、公正な民意の反映や一般住民の委員選出を妨げているといった現実認識が少なからずあったように思われる。さらに、発足当初から内在していた制度的不備を是正するための方策に、一九五〇年代に入って以降のいわゆる占領政策見直し策が連動して、その後の議論が推移していったものとみられる。しかし、他方では、投票率が相対的に低調とされた点に対しては、教育に特化した選挙に住民が未習熟であったためであり、より長期的な視野でみる必要があったとする反論、また、当時における教育委員会制度は組織構成・権限面に関する〝教委どまりの分権化〟にとどまり、教育の住民自治の観点からはなお不十分なものであったとの指摘もなされている。(98)

二　地教行法の成立とその変遷

(一)　地教行法の成立とその立法趣旨・内容

旧法は一九五六（昭和三一）年に廃止され、同年、地教行法が成立した。地教行法は、①教育の政治的中立と教育行政の安定の確保、②教育行政の一般行政との調和、③国・都道府県・市町村一体としての教育行政制度の樹立を立法趣旨として謳い、教育委員会制度自体は存置しつつ、その内容を大幅に改変するものであった。すなわち、教育委員の直接公選制を廃止して首長任命制（自治体の長が議会の同意を得て教育委員を任命する方式）に切り替え、また教委の予算原案送付権限を廃止したほか、都道府県教育長の文部大臣承認制（市町村教育長の都道府県教委承認制）の採用、国の機関委任事務に関する文部大臣の指揮監督権、基準設定権、措置要求権規定の創設など国の関与を強化し、全体として教育行政に関する国の責任を強調する内容となった。

(二)　地教行法をめぐる主な動き

地教行法をめぐっては、その後、一九七〇年代末以降に様々な動きが生じてくるが、同法の規定自体に関しては、地方分権改革が行われた一九九九年と新教育基本法が公布・施行された直後の二〇〇七年、さらに二〇一四年の三回の大幅な改正が行われたほかは、今日に至るまで改正はごく部分的な範囲にとどまっている。地教行法の内容的変遷を含めて、同法をめぐる動向を概略的に摘示すると次のとおりである。

一九七九（昭五四）年　東京・中野区教育委員準公選条例公布（〜一九九五年）
一九八六（昭六一）年　臨時教育審議会第二次答申：教育委員会活性化のための当面の方策提言
一九八七（昭六二）年　文部省「教育委員会活性化に関する調査研究協力者会議報告」

右答申・報告は、教委の活動が形骸化し不活発であるとの認識を示していたが、関係者の意識・自覚喚起等を促すにとどまり、地教行法改正には結びつかなかった。

一九九八（平一〇）年　中央教育審議会答申「今後の地方教育行政の在り方について」
一九九九（平一一）年　地教行法改正（地方分権一括法の制定による国の機関委任事務の廃止、国の関与の縮減等を内容とするほか、教育長の任命承認制度の廃止等がなされた）

こうした大幅な制度改正を背景として、教育に対する首長の関心が積極化し、首長主導の教育改革の動きが生じ、教委との間での対立・軋轢もみられるようになる。

二〇〇〇（平一二）年　市町村における教育長公募制の動き始まる
教育改革国民会議報告
二〇〇一（平一三）年　地教行法改正（教育委員への保護者選任の努力義務、会議公開等を内容とする）
二〇〇四（平一六）年　地教行法改正（学校運営協議会の任意設置等を内容とする）
二〇〇六（平一八）年　新教育基本法公布・施行
二〇〇七（平一九）年　教育再生会議報告・中央教育審議会答申
地教行法改正（教委の責任体制の明確化、教委と首長の権限事項の弾力化、教育委員

への保護者選任の義務化、法令違反等への国の是正措置等を内容とする）

この二〇〇七年改正のうち、法令違反等への国の是正措置を定める同法四九条（是正の要求の方式）および五〇条（文部科学大臣の指示）は、地方自治法に規定する国の関与の限度を超えて、教委の事務に対する文部科学大臣の関与を強めるものである。一九九九年改正による教育長任命承認制度の廃止で、文科省の教育長人事を通じた中央統制の手段はすでに失われていたが、二〇〇七年の右改正は、是正要求・指示の要件が相当に限定されているとはいえ、いわば文科省の失地回復としてそれに代わる関与手段を国が確保したことを意味しており、地方分権の流れに逆行するものといえよう。

二〇一四（平二六）年　地教行法改正（首長による教育大綱の策定、首長が主宰する総合教育会議の必置、教育委員長の廃止と教育長の代表者化など）

三　地教行法下の教育委員会制度をめぐる問題

（一）地教行法解釈をめぐる問題事例

以下では、地教行法下の教育委員会制度に焦点を当て、その法的位置づけ、教委の事務・権限・機能等をめぐる問題について検討することとしたい。地教行法の制定以来、今日に至るまで、教委に関する地教行法の規定につき次のような解釈問題が生じている。

1　全国学力テスト調査実施の法的根拠論

一九六一年から六四年まで文部省（当時）により実施された「全国中学校一せい学力調査」は、各都道府県教委に対して、地教行法五四条二項に基づき、文部省が作成した調査実施要綱による調査とその結果に関する資料・報告の提出を求める形で行われた。これに対して、最高裁学テ判決は、地教行法五四条二項は、文部大臣（当時）において当該地方公共団体の教委（以下、「地教委」という。）が自主的に実施した調査につきその結果の提出を要求できることを規定したにとどまり、文部省が同条項を根拠として本件学力調査の実施を要求することはできないとした原判決（札幌高裁昭四三年六月二六日判決）の判断を是認して、「地教行法五四条二項が、……文部大臣において本件学力調査のような調査の実施を要求する権限までをも認めたものと解し難い」とし、「このような要求をすることが教育に関する地方自治の原則に反する」とも判示した。本判決は、地教行法五四条二項に基づき、国が行政調査として行使する資料・報告要求権限の限界を明確にしたものとして注目される。ただし、本判決が、地教委は右要求を一種の協力要請と解し、「独自の判断に基づきこれに応ずべきものと決定して実行に踏み切った」としてその違法性を否定した結論は、本件調査が終始文部省主導で強行された実態に著しく反した判断であった。

2　内申ぬきの懲戒処分の適法性

福岡県教職員組合が一九七二年から七三年にわたって実施した数度のストライキに関して、これを指導し、またはこれに参加した同県内の公立小・中学校の教師八名が、地方公務員法三七条一項（争議行為等の禁止）違反として福岡県教委から減給ないし戒告の懲戒処分を受けた。地教行法三八条一項は、「都道府県委員会は、市町村委員会の内申をまつて、県費負担教職員の任免その他の進退を行うものとする。」と定めていたが、この懲戒処分は、県教委からの要請にかかわらず、内申がなされないまま強行されたものであったため、いわゆる〝内申ぬき処分〟としてその適法性が問われることとなった。文部省は、上記懲戒処分より前に通達を出し、都道府県教委が内申を求め最大限の努力を払ったにもかかわらず、市町村教委が内申しないという異常な事態が起こったときには、都道府県教委は内申がなくても任命権を行使できるとして、内申ぬき処分を容認する解釈を示していた（文部省初等中等教育局長通達昭四九・一〇・四文初地四三四号）。

最高裁昭和六一年三月一三日判決（判例時報一一八七号二四頁）は、「市町村教委の内申は、県費負担教職員について任命権を行使するための手続要件をな」し、「その内申なしに処分を行うことは許されないのが原則である」としつつ、「市町村教委が、教職員の非違などに関し右内申をしないことが、服務監督権者としてとるべき措置を怠るものであり、人事管理上著しく適正を欠くと認められる場合」は、例外的に内申なしの任免権行使も適法であると判示した。結論的には内申ぬきの処分の余地を肯定するものであったが、それが認められる要件を文部省通達より厳格に限定し、所管公立学校の教職員人事に関して都道府県教委に対する市町村教委の自主的立場を明認した点は十分に留意されてよいと思われる。

3　東京・中野区教育委員準公選条例違法論

一九七九年に公布（一九八〇年に一部改正）された東京・中野区の「教育委員候補者選定に関する区民投票条例」（教育委員準公選条例）は、区長による教育委員任命権行使に際して、あらかじめ区民投票を実施し、区長はその結果を「参考」に候補者を選定して議会提案することを定めたものであった。同条例に基づいて一九八一年から一九九三年まで四回の区民投票が実施されたが、文部省や政府与党から地教行法四条に規定された長の任命権を侵害するとして違法論が強く唱えられ、一九九五年に同条例は廃止されることとなった。

しかしながら、この条例違法論に対しては、地教行法四条は自治体の長が議会同意を得て教育委員を任命する方式を定めたものであり、議会が同意の要件として住民投票の実施とその結果を非拘束的な参考とすることを条例の形式で定めることとは、何ら同条に抵触するものでなく、むしろ教育の住民自治を生かすものだとする合法解釈が、教育法学から有力に提示されていたのであった(99)。

4　情報公開に関する教委の権限委任

地教行法二五条一項は、教委が、その権限の一部を「教育委員会規則で定めるところにより」教育長に委任できることとしている。この規定に基づき、一部の自治体の中に、教育長への事務委任規則として教委が議決すべき事項の方を限定列挙し、そこに明示されないその他の事務はすべて教育長に権限委任される旨の定め方をしているものがみられる。例えば、自治体が保有する公文書の公開原則を定める情報公開条例のもとで、教委は、住民等から公開請求に対し諾否の審査・決定を行う実施機関の一つとされたが、上記のような教育長事務委任規則では、規則を改正して教育委員会議決事項に追加しないかぎり、当該事務は自動的に教育長に権限委任されたことになる。

こうした規則のもとでは、教委が保有する公文書の公開請求に対しては、教育長がその名前と責任のもとで諾否の決定権限を行使し、公開拒否決定に対して不服申立てがあった場合に、同条例に定める第三者機関である情報公開審査会への諮問とその答申を経て、初めて不服申立てに対する判断・決定が教委の審議事項となる。その結果、教委における長期間の審議の後、公開を相当とする審査会答申に反して当初の拒否判断を維持し、申立てを棄却する例が少なからず生じている。情報公開制度では、実施機関は審査会答申の尊重義務を負い、答申後速やかに決定を下すことが原則とされているが、教委関係の案件の中にこのような審査会答申軽視とみられる事例が顕著に多く存在する事実は、情報公開制度の趣旨に沿わないように思われる(100)。情報公開事務に関する教育長への権限委任には、委任の限界論との関係で重大な疑念があるといえよう。

5　教委の包括的学校管理権限論

地教行法二一条は、「教育委員会の職務権限」との見出しのもとに、その管理・執行する教育関係事務を列挙している。そこには、学校の設置・管理等をはじめ、学校の教職員任免人事、教育課程、教科書・教材の取扱い等から施設設備の整備等に至る数多くの学校に関する事項が記されている。そこで、文部科学省や教委は、同条を主たる根拠として、教委は学校管理に関して包括的権限を有し、学校の教育課程に関しても、必要があればいつでも校長に対して具体的な指示・命令を発することができると主張している。この教委の包括的学校管理権限論は、教科書採択権限の所在や、卒業式等における国旗掲揚・国歌斉唱の強制等をめぐる解釈上の一争点ともなっており、この見解によれば、教委は同条を根拠として、〝打出の小槌〟を振るように、所管公立学校に対する権力的な指示・命令権限を無尽蔵に取り出すことができることになろう。[101]

しかしながら、同条は、職務権限の組織的な割当て・分担を定めた所掌事務規定にすぎず、同法二四条に書かれているとおり、具体的な権限を行使するためには各別に法令・条例等の根拠（具体的な要件・効果を含む授権規定）が必要である。上記の文部科学省等の見解は、組織法的根拠（所掌事務規定）と作用法的根拠（授権規定）とを混同するものであって、根本的に誤りであるといわなければならない。なお、教委等が行う教育関係「事務処理の法令準拠」を定める同法二四条の規定は、従来の逐条解説書では当然の内容として比較的に軽く扱われてきたが、教育における法律主義が教育行政機関を拘束する場面の現れとして大いに重視される必要があろう。

（二）〝地教行法体制〟と教育委員会制度の改革課題

ここまでみてきたような地教行法における規定解釈上の問題については、そのつど教育の条理に沿った法解釈を対置するなどして教育法研究の一定の成果が示されてきたが、それらは概ね個別対応による問題点の指摘の範囲にとどまってきたように思われる。地教行法によって形づくられている現行の教育委員会制度とその運用実態の全体を〝地教行法体制〟として捉えたとき、現時点で改めて次のような本質的な問題構造と改革の方向性が意識されるべきものと考えられる。

1　教委・学校間の行政組織内部関係的捉え方

前述した教委の包括的学校管理権限論は、教委が行政内規である訓令・通達をもって所管公立学校の運営に無制約に介入することを容認する議論であって、教委と所管公立学校の間をあたかも行政組織内部における上級行政機関と下級行政機関の関係であるかのように捉えるものといえる。なお、この点に関連して二〇〇四（平成一六）年の法改正で教委が指定する所管公立学校ごとに地域住民等が参加する「学校運営協議会」が設置されることとなったが、こうした学校運営組織事項が地教行法の改正（四七条の五新設）により行われたことにも、上記のような認識が反映しているように思われる。

しかしながら、地教行法三〇条は、学校を「教育機関」と規定して教育行政機関とは異なる位置づけをしており、このことは、教育基本法一六条一項が「教育」と「教育行政」を区別し、教育に対する不当な支配を禁止していることを制度的に具体化したものとして極めて重要な意義を有すると考えられる。〝地教行法体制〟の根底に据えられた学校を行政組織の末端機関視する見方は、その意味で全面的に改められなければならない。

2　教委の不活発・形骸化

先に略述したように、一九八〇年代に入った頃から、教育委員の準公選制が政府・与党から違法と指弾される一方で、政府の審議会等では、教委の不活発さ、形骸化が指摘され、活性化の方策として教育委員に対する研修の実施、意識・自覚の喚起等が求められるようになってきた。しかし、それにもかかわらずその後実効性ある制度改革はなされないまま、今日では教委の廃止論まで登場するに至っている。

この点、〝地教行法体制〟は、首長部局から独立した教育委員会制度を維持しつつ、文部大臣の教育長任命承認制を導入するなどして国・都道府県・市町村一体としての教育行政制度を構築することとなった。そこで、いわば自治体組織内での「教育行政の一般行政からの独立」が仇となって、かえって文科省・都道府県教委・市町村教委の関係が系列化され、その上意下達関係が強められる結果を招いたことになる。こうした教委の自治体組織内独立は、子ども・福祉・青少年保護等に関する地域総合行政を妨げており、今や見直しが必要だとする批判が、首長部局をはじめ各方面から声高に主張され始めている。他方で、教委自体の実態もほとんど諮問機関の様相を呈し、非常勤の教育委員に対して常勤教育長の役割が相当に重きをなすところから、実質的には〝教育長制〟であるとの指摘もなされていた。(102)

現に行われている教育委員会制度の存廃論には、次のような問題があると考えられる。まず文科省筋の教委擁護・活性化論については、そこで提唱される委員への研修強化、委員の自覚と責任の強調、保護者・住民の登用等はそれ自体必ずしも否定されるべきものではないが、本来、学校・教師の教育専門的自主性が保障されるべき事項に教委が介入し、学校・教師の自主性を縮減するおそれを多分に含んでいることに注意する必要がある。また、二〇〇〇（平成一二）年の地方分権一括法により教育長は教育委員の中から任命することとされ、さらに二〇一四年の改正では教育長の教育委員兼任が廃止され、教育長が教委を代表することとなったため、教育委員会における教育長優位にいっそう拍車がかかったといえる。次に、教委廃止論については、国との関係で自治体教育行政の自主性が増す可能性は大いに認められるが、国の施策を先取りした首長主導の教育改革の動きも現に生じており、教育行政に対する首長の政治的影響力・介入を排除することは至難であるように思われる。さらに、青少年健全育成、安全・安心まちづくり等を名目とした〝地域総合行政〟のもとに教育行政が埋没してしまう危険性が強くあり、教育行政の一般行政からの独立という戦後教育改革以来の基本理念といかに調整を図るかが重要な課題となろう。

3　教育委員選任の住民自治的改革の必要性

そこで、在来の教育委員会制度存廃論にはいずれも重大な問題があり、教育法学の見地から、教委の住民自治的再構成論が対置されてよいと考えられる。教委の不活発・形骸化をもたらした基本的要因は、旧法下の教育委員公選制廃止により、教委が住民自治（直接民主制的な住民参加）から切り離されたことにあるとみられる。その意味で、教育委員選任のしくみを住民自治的に改革する必要が大いにあり、その際、教育委員を住民公選制とするか準公選制とするかについては、地域ごとの選択を容認する余地があろう。また、このような教育委員会制度の住民自治的再構成に当たっては、学校の教育自治との調整・連携の必要が十分に留意されるべきである。学校・教師の教育における自主性保障は、本来、子どもや保護者・地域住民に対する教育専門的な説明責任を含んでおり、そうした開かれた教育専門性に裏づけられた学校の教育自治が十分に尊重されてこそ、教委が教育行政の住民自治的しくみとして真に活性化していくものといえよう。

(96) 木田宏『第三次新訂逐条解説地方教育行政の組織及び運営に関する法律』（第一法規、二〇〇三年）五五八〜五六〇頁。
(97) 木田・同右五五九〜五六〇頁。
(98) 神田・前掲論文注（61）一一四頁。

(99) 兼子・前掲論文注(68)(ジュリスト)三二頁など参照。

(100) 参照、兼子仁・佐藤徳光・武藤仙令編『情報公開・個人情報条例運用事典』(悠々社、一九九一年)一五四・二九六頁。

(101) 詳しくは、本書四九頁、五三～五五頁、七七～八一頁を参照。

(102) 西山・前掲論文注(63)一五五～一五六頁。同旨、堀内孜「地教行法改正と教育委員会の再生」季刊教育法一五九号(二〇〇八年)六頁。

第三部

情報人権の保障と教育法の課題

第一章　情報化社会と教育法

はじめに

現代の情報化社会の中で、今日の学校は相当に大きなデータ・バンクの一つとなっている。学校内規・生活指導方針、教育課程・授業編成といった学校運営情報から成績評価・調査書といった生徒個人情報まで、かなり大規模な教育・学習情報を保有する学校の情報取扱いのあり方は、そうした情報に関する国民の一般人権問題であるとともに子どもの学習権保障とも密接なかかわりをもつという点で、より周到に配慮されなければならないといえよう(1)。

情報化の進展への教育の対応については、一九八五（昭和六〇）年六月の臨時教育審議会第一次答申等をはじめ政府の関係審議会の諸答申において、教育へのニューメディアの活用、情報化社会をリードする人材を確保するための情報活用能力の育成等の方向が示されてきており、文部省（当時）も、学校教育において①コンピュータ等を利用した学習指導、②コンピュータ等に関する教育、③教師の指導計画作成等および学校経営援助のためのコンピュータ等の利用を推進すべきこととしている（文部省・情報化社会に対応する初等中等教育の在り方に関する調査研究協力者会議第一次審議とりまとめ、一九八五年八月）(2)。こうした流れの中で〝学校の情報化〟に応ずる情報機器の学校教育への活用の実践が現実に始まっており、その際、教育・学習や学校運営の効率性という観点だけでなく、子どもの情報人権・情報主体性がどのようにふまえられているかが問題であると考えられる。その点では、文部省の手引書が「情報モラル」の確立を挙げ、コンピュータを利用した個人情報の取扱いの留意点として収集目的の明確化、収集・利用の制限、自己情報の開示・訂正手段の保障等を指摘していることに注目する必要があろう。[3] 本章は、情報化社会における新しい人権保障をめざす情報公開・個人情報保護の制度化とその基本理念が、教育法制ないし教育法学にどのようなインパクトをもたらすかということを追究しようとするものである。情報化の進展に対する教育法上の検討課題としては、社会教育・生涯教育の分野が含まれることはもとより当然であるが、ここでは対象を学校教育に限定したい。また、情報機器の学校教育への活用については、健康問題や学校の組織編制のあり方などたんに教育方法としての是非を超えた問題がありうるが、[4] 本章では学校教育をめぐる情報人権保障のあり方を中心に論じていくこととする。

一　情報化社会の進展と情報人権

(一) 国民の知る権利とプライバシー権の保障

コンピュータ等を中心とする科学技術の高度な発達によって、今日の社会では、情報の大量な収集・伝達・利用が容易に行われるようになってきた。このため、「『情報』の価値が高まり、『情報』をめぐる社会的な諸関係が、特殊的に重要になった社会」[5] として、〝情報化社会〟ないし〝高度情報化社会〟という捉え方が現代社会の一つの重要な特徴を示すものといわれている。こうした情報化社会の急速な進展は、情報の生産と流通を活発にするという点で人々の生活に大きなメリットをもたらしうるものではあるが、同時に、一方では情報の主たる送り手としての国・自治体や企業による情報操作の危険、他方では個人のプライバシー侵害の問題が指摘されている。

そこで、情報化社会が人々の生活に真にメリットをもたらすものとなるためには、必要な情報が十分に公開されて情報の自由な流れが確保されるとともに、情報の氾濫に対する適切なコントロール手段が確立されなければならない。現代社会では、情報に対する国民の権利主体性を確立することによって、はじめて民主政治の基礎をなす国民の政治参加や諸々の人権が保障されることになると考えられる。この意味で、近年生成されつつある国民の知る権利とともに、「ひとりにしておいてもらう権利」(right to be let alone) という伝統的なプライバシーの捉え方を超えた「自己に関する情報の流れをコントロールする権利」という現代的プライバシー権[6]が、情報化社会に必須の新しい人権（情報人権）として制度的にも保障されなければならないであろう。

(二)　情報公開と個人情報保護の制度化

1　情報公開制度をめぐる国際的・国内的動向

国民一般に行政情報の開示請求権を認める情報公開制度は、諸外国では、スウェーデンが早くも一八世紀中葉に始めたほかは、二〇世紀に入って五〇年代にフィンランド（一九五一年）、六〇年代にアメリカ（一九六六年）、七〇年代にデンマーク（一九七〇年）、ノルウェー（一九七〇年）、フランス（一九七八年）、オランダ（一九七八年）、そして八〇年代にはカナダ（一九八二年）、オーストラリア（一九八二年）、ニュージーランド（一九八二年）、オーストリア（一九八七年）と、一一ヶ国で実施されている。[7]

わが国では、国の情報公開の立法化がなお具体的に進捗しない状況の中で、自治体における情報公開条例づくりが先行し、一九八二（昭和五七）年に山形県金山町、静岡県蒲原町、大分県緒方町、そして神奈川県、埼玉県が公文書公開条例を制定して以来、一九九〇（平成二）年四月一日現在で、三二都道府県、一三六市区町村が自治体の保有する公文書の公開制度をもつに至っている[8]（国が行政機関情報公開法を制定したのは、一九九九年である）。

2　個人情報保護制度をめぐる国際的・国内的動向

欧米諸国では、一九七〇年代に入ってから、スウェーデン（一九七三年）、アメリカ（一九七四年）、西ドイツ（一九七七年）、フランス（一九七八年）など、八〇年代には、カナダ（一九八二年）、イギリス（一九八四年）などで、プライバシー保護やデータ保護に関する法律が制定されてきた。また一九八〇年には、国際機関として、ＣＥ（ヨーロッパ評議会）の閣僚委員会が「個人データの自動処理に係る個人の保護に関する条約」を、ＯＥＣＤ（経済協力開発機構）が「プライバシー保護と個人データの国際流通についてのガイドラインに関する理事会勧告」をそれぞれ採択した。

わが国では、一九六〇年代から自治体におけるコンピュータの導入が始まったことにともない、一九七五（昭和五〇）年に東京都国立市で「電子計算組織の運営に関する条例」が制定されたのを皮切りに、各市区条例がつくられるようになり、一九九〇（平成二）年には都道府県では全国で初めて、神奈川県が手作業処理の個人情報も広く対象とする総合的な個人情報保護条例を制定するに至った。同年四月一日現在では、一県、六九一市区町村・一部事務組合（そのうち六五四市区町村・一部事務組合は電子計算機処理のみを対象）が個人情報保護条例を制定している（制定自治体等の人口の総計は全人口の五一・六％に達する）[9]。自治体のこうした動きを受けて、一九八八年に国もようやく「行政機関の保有する電子計算機処理に係る個人情報の保護に関する法律」を立法化したが、なお電算処理情報を対象とするのにとどまっていた（国が手作業処理情報を含む総合的な行政機関個人情報保護法を制定したのは、二〇〇三年である）。

3　教育情報人権保障の国際的動向

以上は、現代情報化社会における行政機関一般に対する国民の情報人権保障に関する国際的・国内的動向を示したものであるが、さらに教育法制の分野で、特に学校の教育活動にともなう子どもの情報人権保障の重要性が国際的に認識されつつあるとみられる。

そうした学校における教育情報人権の特別保障立法として、アメリカで一九七四年に制定された「家族の教育上の権利及びプライバシーに関する法律」（Family Educational Rights and Privacy Act. 通称バックリー法）がよく知られている。この法律は、学校が作成した教育記録に対する生徒・学生自身またはその親の開示請求権、訂正・削除請求権、第三者への提供制限などを定めており、個人情報保護制度の教育版としてきわめて注目に値するものといえよう[10]。他方、イギリスには一九八〇年教育法に基づき、学校が親に対して一定範囲の情報を提供することを義務づける「学校基準運営報告制度」（Self-Accounting）があることが報じられており、これはなお本格的な情報公開制度ではなく、学校教育における積極的情報提供のしくみと評価されている[11]。

また旧西ドイツ下の一九八〇年に、ドイツ法曹会議（Deutscher Juristentag）学校法委員会で採択された「学校法草案」五三条が、父母および生徒の知る権利（Informationsrechte）という見出しで「学校管理機関、教師およびその他の教育職員は、あらゆる重要な学校事項（Schulangelegenheiten）について、父母および生徒に知らせ、かつ協議する」ものと定めている。[12] さらに、一九八八年に採択された国連・子どもの権利条約は、教育への権利保障の一環として「教育上および職業上の情報ならびに指導を、すべての子どもにとって利用可能でありかつアクセスできるものとすること。」（二八条一項（d））と明記するとともに、子どものプライバシー権の保護（一六条）にも配慮している。[13]

二　教育情報人権とその保障

（一）国民の知る権利と教育人権との関係

国民の知る権利は、一般に、個人の人格の発展と自己実現を可能にするとともに、政治的民主主義の実現へ向けて国民の政治過程への参加を確保するために、政治的・公的な情報を請求する権利と解されている。その教育人権とりわけ国民の学習権との関係について、堀尾輝久教授は、「『国民の知る権利』は、広く『国民の学習権』の一つのコロラリーであり、国民の学習権の観点こそ、報道の自由、とりわけ政治的、公的な報道の自由としての『知る権利』を、『国民の知る権利』へと転換させる観点として相互に関連づけるべきであろう。[14]」と述べている。これは、従来「報道の自由」とほぼ同義に捉えられがちであった「国民の知る権利」の学習権的再構成をめざす見解として、社会教育における成人の学習権と知る権利との内在的関連の理解にも有益な示唆を与えるものと評価されよう。[15]

また、今橋盛勝教授は、「教育情報を知る権利でとりわけ重大かつ緊急な問題は、学校教育の内容・運営に直接かかわる情報に対する親の知る権利である。それは、自治体・教育委員会と連続する教育機関としての学校に対して、住民の中で特殊的地位に立つ親が持つ『知る権利』であると解することもできる。そこでは、公教育機関性、親の教育権・教育の自由、子ども・生徒の教育を受ける権利と学校情報を知る権利との関連構造が問題とされなければならない」[16]（傍点は原文）と指摘している。子どもの人間的な成長発達保障の場であるはずの学校教育において、教育行政情報のほか、学校運営や教育・学習に関する必要な情報が十分に公開されることは、子ども・親の学校自治への自主的参加と子ども自身の主体的学習のための基本条件をなすと考えられるから[17]、学校教育における知る権利の保障は、国政・自治体行政情報に対する国民の一般人権としての知る権利の保障に加えて、子どもの学習権、親の教育権などの教育人権との関わりで独特な意味をもたらすものといえる。子どもの学習権、親の教育権の具体的・制度的現れとしての学校自治的教育参加の法論理的内容については、こうした教育法制に特有の知る権利の保障の意義をふまえて理解されるべきであろう。

（二）国民のプライバシー権と教育人権との関係

プライバシー権は、伝統的に、私生活上の事柄（私事）について国家や他人からのぞかれたり公表されたりしない権利・人権と解されてきた。この意味でのプライバシー権について、かつて兼子仁教授は、「子どもを、プライバシーをもった独立の人間として教育上扱っていくことは、たんに子どもも現に生きている一個の人間であるからというだけでなく、『個人の価値をたっとび、……自主的精神に充ちた』人間として子どもを教育していくため（教育基本法一条）に必要なのである。……そこで、子どものプライバシーを尊重する教育は、学習権保障の見地から重視されてよいはずだ」[18]として、生活指導（髪型・服装規制、給食指導）、家庭調査表、盗難事件の校内取調べ等をめぐるプライバシー問題を論じていた。

これに対して、近年、プライバシー権をたんに「ひとりにしておいてもらう権利」と受動的・消極的に捉えるのでなく、より積極的に「自己に関する情報の流れをコントロールする権利」（自己情報決定権）とみて、国民個人が本人情報の収集段階から保管・利用段階までそのつど適宜に参加することを権利として保障すべきものとする考え方が有力になっている。今橋教授は、この現代的プライバシー権と教育人権との関係について、「子どもの成績・行動・性格・健康への評価および人格権・私生活の自由・プライバシーといった一般人権保障に重大な意味をもつ教育上の記録の適正さ・教育的妥当性の保障は、学校内部において、基準の明確性・基準内容の正当性・基準適用の公正さを教師集団としての相互抑制と倫理性だけで確保しようとしているというだけでは十分ではない。その保障は、当該記録に直接関係する父母、場合によっては生徒の閲覧を経て初めて担保されるものである。……それは、子どもの学習権・一般人権の保障と父母の教育権・教育の自由、さらには家庭教育の自由から導き出される父母特有の『わが子の教育上の記録閲覧権』と解釈されるのである。……父母特有の記録閲覧権は、……わが子に関する教育上の記録を閲覧して、子どもの学習権を保障すべく親の教育権を適正かつ適確に行使するためだけではなく、……現代的プライバシーの権利の保障のためにも認められなければならない権利であると解される。[19]」と述べている。

たしかに学校は、教科教育や生活指導の過程で取得し作成した教育記録として、子どもとその家庭に関する数多くのプライバシー情報をもっており、日常の教育活動それ自体が本質的に子ども・親のプライバシーと接合しているといってよい。したがってその収集範囲や取扱いについては、国民の一般人権としてのプライバシー権の保障の趣旨からきわめて厳格でなければならないだけでなく、子どもが自主的・主体的な一個の人間として成長発達していくことをめざす学習権保障と〝人権教育〟の見地からも、子ども自身（またはその親）が自己情報の流れをコントロールできる権利を保障していく必要があろう。

（三）教育情報人権保障の特殊性

兼子教授は、人権保障と教育との関わりについて、「人権保障は人間生活のすべての部面にわたらなければならないが、とりわけ人間を育て伸ばしていく教育にあっては、人を真に人間らしく扱う人権保障のしくみと考え方とが、根本的に重要なものとしてふまえられていなければならない」としたうえで、学校における人権保障の適用については、「現行の教育法制下にあっては、学校当局に広汎な生徒義務づけや人権制限の権力が当然に認められる根拠はもはや無く、各学校の『教育自治関係』として、生徒や父母の基本的な合意のうちに慣習法的に人権の保障範囲が認められていく、というしくみであると解されよう。」と指摘している。[20]そこで、学校教育においても子ども・親の情報人権が基本的に保障されるべきことを前提にしたうえで、国民一般の情報人権保障に対して、教育情報人権の具体的な保障のしくみについてはたしかに次のような特殊性があると考えられる。

1　教育行政情報と学校教育情報の区別

現に各自治体で制定されている情報公開条例と個人情報保護条例の対象となる「情報」は、概ね当該自治体の行政機関が保有する情報一般であり、当然に教育情報にも及んでいる。したがって、住民は、条例に基づき、教育委員会（以下、「教委」という。）等に対して教育情報の公開請求や教育に関する個人情報の本人開示・訂正・削除等の請求権を有している。自治体行政機関が保有する情報一般に対する住民の権利を保障する制度の立法化は、学校教育行政を含む教育行政についての関係住民の情報人権の実現ルートとして大いに活用しうることが期待されよう。

これに対して、各学校が保有する学校運営情報の公開や生徒個人情報の保護のしくみについては、それが本来的に「各学校の『教育自治関係』として、生徒や父母の基本的な合意のうちに慣習法的に人権の保障範囲が決められていく」のであるとすれば、教委を窓口とした公式の手続の利用のみをもっぱら予定することで十分かどうかは、検討の余地がある。第一に、現行教育法制において、教務内規・生活指導内規・懲戒処分内規などの制定や、教育課程編成、年間授業計画などの決定が各学校の教育自治に基本的に委ねられるべきこと、第二に、成績評価、指導記録・調査書の記載が子どもに対する教師の直接責任に基づく教育権の行使であること、そして第三に、それらの教育情報の公開や本人開示・訂正等がそれ自体子どもの学習権保障につながる教育作用でなければならないことに鑑みると、学校内の情報に関する子ども・親の情報人権保障は、教師との対話を含む学校自治的教育参加のルートを通じて実現されることがより望ましいと考えられるからである。そこで、このような権利保障ルートの原則的な相違という見地から、教委が保有する教育情報（教育行政情報）と各学校が保有する教育情報（学校教育情報）とは区別して論じることが適切である。

2　条例上の「実施機関」としての教委と学校の関係

情報公開制度と個人情報保護制度のもとで、条例に基づき、住民の各請求権に対応して情報取扱い上の義務を具体的に負うべき自治体の機関を、条例では一般に当該制度の「実施機関」と規定している。実施機関には、通常、長をはじめとして教委、選挙管理委員会等の行政委員会その他が列挙され、議会も実施機関となることがある。そこで、教委がこれらの制度の実施機関であることから、教委所管の公立学校もその適用対象になるものと解されている[21]。この点、例えば情報公開の対象となる「行政文書」が、「実施機関の職員……がその分掌する事務に関して職務上作成し、又は取得した文書……であって、当該実施機関において管理しているもの」（神奈川県情報公開条例三条一項など）と定められていることからすると、厳密に考えれば、公立学校の職員は教委の職員ではなく、また、地方自治法上の「公の施設」の一種である公立学校は、明文上条例における「実施機関」には挙げられていないので条例の適用がないと解する余地が全くないとはいえない。たしかに、所管公立学校における教育情報の取扱いが教委によって一律・全面的に決せられることになるとすれば、学校の教育自治の原理に照らして問題であろう。

ただ、条例における「実施機関」についての定め方は、主に独立の行政決定権限をもつ地方自治法上の執行機関（同法一三八条の四）の名称を代表的に掲げることを基本的考え方としているものとみられ、実際の公開・非公開等の判断は実施機関において当該情報の管理を分掌する行政組織上の所管課等の長が行うことが予定されている。(22) この場合、各公立学校は、条例上、教委の学校教育情報に関する「所管課」とみなされていることになろう。そこで、実施機関たる教委とその「所管課」としての公立学校との関係が問題になるが、その捉え方の如何は、現行教育法上の基本原理とりわけ学校の教育自治をいかにふまえるかに大いに関わっている。

現に、条例を制定している各自治体において、制度の運用上、教委を窓口とする学校教育情報の公開請求等に対する諾否の決定のしくみ・法的構成がどのようになっているかは必ずしも明らかでないが、さしあたり次の点が指摘できよう。

①公開の可否の判断をはじめ各学校が保有する教育情報の取扱いについて、教委は校長に対し全面的・包括的な指揮監督（職務命令）権限を有するという理解は、教委の学校管理権（地方教育行政の組織及び運営に関する法律（以下、「地教行法」という。）二一条）が所管公立学校に対する包括的支配権であるという見

方に基づくものであり、現行教育法解釈として妥当でない。[23]

②一般に行政庁がその権限に属する事務をその補助機関等に行使させる場合の方法としては権限委任、権限代理および専決があるが、所管課等の長が行う公開等の諾否の決定は、対外的には実施機関の決定として表示され、これは行政庁の権限行使について職員（補助機関）が内部的に決裁までを委ねられる行政組織法上の「専決」（いわゆる内部委任）にあたると解される。[24] 他方、行政庁がその権限の一部を他の行政機関またはその職員に移してこれを受任者の権限として行わせる「権限委任」（地方自治法一五三条、一八〇条の二、一八〇条の七、地教行法二五条）として構成する余地もありうる。この場合は、原権限庁は、上級行政機関でないかぎり指揮監督権がなく、委任事項は対外的には受任庁の決定として表示され、その効果も受任庁に帰属するという点で、受任庁の自主的判断がより尊重されやすいであろう。ただし、学校教育情報についてこのしくみを採用するには、教育委員会規則の定めのほか委任規定の告示等による公示が必要である。[25]

③現在の多くの自治体の条例運用は、公立学校を学校教育情報に関する教委の一種の所管課とみなして、公開の可否等の判断をその所管課の長である校長の専決事項と扱っているものとみられる。しかし、学校の教育自治をふまえた現行教育法解釈としては、子ども・親の教育人権と情報人権の保障にかかわる学校の教育責任に照らして、公開等の可否や範囲についての判断は最終的には校長を含む教師集団（職員会議）に委ねられるべきであろう。この際、学校教育情報の取扱基準に関する内規づくりがその内容・手続を含めて重要な課題として意識される必要がある。結局、専決としての校長の決定は、このような職員会議の審議・決定をもっぱら形式的に代表するものと解される。

三　教育情報の公開と教育参加

国や自治体の教育行政機関は、その教育施策を遂行するためにきわめて広範な教育情報を収集し保有している。それらの教育行政情報の収集・保有は、元来、国民の「教育を受ける権利」（憲法二六条）の保障を目的とする教育条件整備作用（旧教基法一〇条二項）にほかならない。教育の自主性と直接責任の原理（同一〇条一項）のもとで、国民・住民の自治的教育要求をふまえて教育行政が必要な条件整備義務をはたすためには、教育行政に対する有意味な国民・住民参加が制度的に保障されなければならず、その前提として国民・住民に対する十分な情報公開が不可欠である。

また、学校が教育活動に際して保有する数多くの教育情報についても、それが内容的に十分適切なものとして子どもの学習権保障と学校の教育自治の発展に真に役立てられるために、その内容を原則的に公開し、子ども・親の様々な学習・教育要求に積極的に応じていくことが、まさに今日の学校に課せられた教育責任の重要な一場面となっている。

以下では、教育情報の公開をめぐる具体的な問題状況を瞥見することとする。[26]

（一）国の教育行政情報の公開問題

中央教育審議会等の文部科学省に設置された教育関係審議会は、元来、国の重要な教育施策についてまさに公正な判断と民主性の確保、広範な専門知識の導入等を図るという目的のために、文科当局の諮問に応じて、選任された非常勤の民間人委員の合議により答申を行うことを制度上予定している。この制度目的からすると、その審議内容の如何が国民の教育人権保障と教育の自治に重大な影響をもたらしうるだけに、これらの審議会の議事が原則として公開されるべきことは当然の帰結である。〝委員の自由闊達な論議を妨げる〟という一般的・抽象的な理由をもっぱら根拠として、会議と議事録を非公開としてきた従来の行政運用は、この意味で大いに批判されなければならない。(27)

また、現行の教科書検定制度は、国民の教科書作成の自由とかかわってその制度自体や運用の合憲性・適法性がなお争われているが、教科書調査官の調査意見書、教科用図書検定調査審議会の議事録等の検定関係文書に関し、家永教科書裁判第二次訴訟・文書提出命令申立事件において東京地裁昭和四三年九月二日決定（いわゆる杉本決定）が当該文書を行政処分関係文書とみて公開の法廷への提出を命じたことは、国の教科書検定行政情報の公開という見地からも注目に値する。(28)

（二）自治体の教育行政情報の公開問題

教委は、教委会議および教科書採択審議会等の教育関係審議会の委員名簿・会議録をはじめ、教職員人事（教育職員免許、研修、処分など）、学校施設・設備（設計図、アスベスト対策など）、学校保健・給食（予防接種など）、就学援助・奨学金、教育予算・決算（補助金、学校予算・決算など）、各種統計調査（在籍児童・生徒数、原級留置者・中退者数など）等に関する書類のほか、所管公立学校から提出された学校運営関係書類（教育課程届、学校事故・体罰・いじめ事件報告書など）に至るまで様々な教育行政情報を保有している。

その中で教委の会議録の公開については、大阪・箕面市教委が、教育委員会規則に定められた会議公開原則のもとで、住民に対してなした会議録閲覧・謄写不許可処分の取消訴訟において、大阪地裁昭和五五年九月二四日判決が、「会議公開の原則の規定は、会議録の閲覧請求を含む」ものであり、「住民には、公開の原則に伴う当然の権利として閲覧請求権がある」と解し、不許可処分を違法として原告住民の請求を認めている。(29) この判例は、情報公開条例の制定に先立って会議録に関する教育行政情報の公開につき積極的判断を示したものとして画期的意義があると評価される。

また、学校統計調査情報に関しては、情報公開条例に基づき、住民が、ある年度における県内の県立各高校別の中途退学者数と原級留置者数を記載した公文書の公開を求めたのに対し、福岡県教委が、「特定の個人が識別され、又は、識別され得る」情報にあたる、学校運営や教育行政の「公正かつ適切な執行に著しい支障を生ずるおそれがある」などの理由で非開示処分とした事例がある。福岡地裁平成二年三月一四日判決は、「本件情報は単なる数値による情報であ」り、「他の情報と結合することによって特定の個人が推測できる情報にも該当しない」とし、本件非開示処分は条例に定めるいずれの非開示事由にも該当せず違法だとして取り消した。(30) この判例は、情報公開条例下における教育行政情報の公開の可否に関する初めての判示として注目されるとともに、非開示事由としての個人のプライバシー保護の要請との関係については、個人のプライバシーに密接する教育行政情報の公開の範囲という点で、今後検討を要すべき課題を示唆している。

（三）学校教育情報の公開問題

現行法上、学校は、いわゆる「学校表簿」として、学則、日課表、学校日誌、教師の担任学級・担任教科科目表、時間表、教科書配当表、教具目録、予算・決算帳簿、出納簿などを必ず備えなければならないが（学校教育法施行規則二八条）、さらに学校運営に関する文書として、職員会議議事録、校務分掌組織表、教育課程表、学校・学年・学級経営案、補助教材使用届などのほか、子どもの学校生活全般にかかわる定め・記録として、各種の学校内規（教務内規・成績評価内規・生活指導内規・懲戒内規等）、学校事故・体罰・いじめ事件報告書などを作成し、保有している。

職員会議議事録は、学校の意思決定の方法・過程・内容を示す公式文書として、学校の教育自治の構成員である生徒・親に対してもできるかぎり公開されるべきであろう。職員会議自体が非公開であるとしても議事録が当然に非公開と扱われるわけではなく、その内容事項に応じて非公開とする旨およびその理由が明らかにされていなければならない[31]。

学校内規のうち、特に出欠席、成績評価、定期考査、進級・卒業判定等に関する教務内規は、個々の生徒の学習活動に対する教師の教育評価権行使の基準という性質を含む以上、たんなる日常的な教務処理規定や生徒管理規定でなく、基本的に「子どものための学習権保障規定」でなければならない[32]。これらの教務内規の取扱いについては、これまで教師のための内部基準として生徒・親に知らせる必要のないものとみなされがちであったが、学校における生徒の法的地位に変動をもたらす進級・原級留置き、中退、卒業等の学校教育措置との密接な関係に照らして、原則的に公開されている必要がある[33]。また、退学・停学・訓告の基準と処分手続を定める懲戒内規に関しても、生徒の権利制限という事の性質上、規定の未整備とともに、事前の公開とその範囲が問題になっている[34]。

さらに近年、情報公開条例に基づいて学校事故・体罰・いじめ事件報告書等の公開を求める例が目立っている。この種の情報については、事件の当事者個人のプライバシー保護との関係で公開可否の判断が自治体により分かれているが、学校が教委に提出するこれらの報告書が公式の記録として残されるものである以上、非公開のまま学校側の言い分のみが一方的な自己弁護として記録されているのでは明らかに不公正である。その記載内容は事件の原因究明や再発防止という側面から教育関係者にとっても重大な関心事であるはずであり、個人名を伏せるなどの配慮を前提に公開されてしかるべきであろう。なお、これらの情報は事件の当事者である生徒・親本人にとっては同時に個人情報でもあるから、その記載内容に誤りがあると考える場合には、個人情報保護条例に基づく訂正請求の問題となりうる。

四　教育における個人情報の保護

自治体が現に制定している個人情報保護条例は、一般に、自治体の各機関が保有する個人情報について、①収集の制限（収集目的の限定）、②本人開示・訂正・削除請求権の保障、③目的外利用・外部提供の制限と利用等中止請求権の保障を基本的趣旨としている。そこで、教委と学校においてそれぞれが保有する個人情報の取扱いに関し、これらの原則に照らして具体的な問題事項を考えてみることにしたい。

（一）教育行政における個人情報保護

教委が保有する個人情報としては、教員採用選考試験成績をはじめ任用・服務・研修・給与・福利厚生などの教職員人事関係書類があるほか、児童・生徒に関しては、公立高校の入学試験成績などの入学者選抜関係書類、就学時健康診断票、就学援助・奨学金支給関係書類、その他所管公立学校から提出された各種の学校運営関係書類等にも個人名の記載された情報が数多く存在する。

これらのうち、条例による自己情報開示請求権の保障にともない、埼玉県で一九八六（昭和六一）年度から全国で初めて教員採用選考試験の成績ランクの本人開示に踏みきったほか、[35]公立高校入学試験についても、九〇年に神奈川県、九一年に横浜市が受験生本人に得点を開示することを決めている。[36]また、学校事故・体罰・いじめ事件等の学校報告書については、公開請求とは別に当事者の本人開示・訂正・削除請求権が保障されるべきことになるが、学校としては、むしろ報告書を作成する過程に子ども・親が参加するしくみを整えることがより望ましいであろう。

（二）学校における個人情報保護

学校は、日常の教育活動に際し、生徒・保護者名簿、家庭環境調査書から生活指導処置記録簿、指導要録、内申書（調査書）等に至るまで多数の個人情報を直接に収集・利用しており、それだけに子ども・親に対するプライバシー人権保障の責任が厳しく問われざるをえない。

これらのうち、とりわけ教師の教育評価権行使にかかわる指導要録や内申書などの個人評価記録については、本人に開示すると公正な評価をなしがたくする、不利益記載の場合に教育上悪影響があるなどの理由でこれまで本人不開示の取扱いが広く行われてきた。およそ人格評価は評価される者の面前において、もしくは公開されることを前提としては容易になしえないという〝経験則〟の存在が、判例でも語られている[37]。この点、個人情報保護条例では、例外的に本人に開示しないことができる情報の一つとして「個人の指導、診断、評価、選考等に関する情報であって、開示することにより、当該指導、診断、評価、選考等に著しい支障が生ずるおそれがあるもの」（神奈川県個人情報保護条例二〇条八号など）が一般に挙げられており、その適用範囲が問題となるが、内申書などの教育評価記録の本人開示請求に対して、この規定を根拠に直ちに一般的に拒否できると解すべきかどうかは大いに検討の余地がある。もともとこの規定から想定されうる医療記録や教育評価記録などの記載は、本人開示の可否も含めて医師や教師が患者・生徒との直接的・個人的接触や人間的信頼関係を通じて初めて適切になしうる専門的判断事項にほかならず、自治体行政機関の窓口を通じての画一的開示の義務づけに元来なじみにくい面があることは否定できないであろう。その意味で、かりに教育評価記録について条例に基づく自己情報開示請求が拒否されうるとしても、それはおよそこの種の個人情報については一切本人に開示してはならない趣旨と解すべきではなく、むしろ学校内において教師の説明と対話をともなう本人開示・訂正・削除のしくみが本来的な権利保障ルートとして整えられる必要がある。[38]教師の教育評価権行使が子どもの学習権保障を目的とする教育作用である以上、「本人や親が知って参考にできるような教育評価記録こそが、真に公正なのではないか[39]」が、まさにそこで問われなければならないといえる。

また、個人情報の収集にあたっては目的を明確に示し、それに必要な限度において収集すべきであるという「目的限定の原則」に関しては、いわゆる家庭環境調査書（身上調査書）の調査項目の範囲が問題となっている。教育指導上から子どもの家庭環境をよく知っておく必要があるとしてもその範囲には自ら限度があり、本籍地、親の学歴・勤務先、夫婦関係、家族の同別居・死因等の公的調査は、個人情報の過大収集にあたると解される。[40]

収集時に示された目的以外の目的のために個人情報を利用してはならないとする「目的外利用制限（禁止）の原則」は、本人の同意や緊急の必要などの相当の合理的理由がある場合には例外が認められる。問題生徒に関する個人情報を本人や親の同意その他の合理的理由なしに他の親に知らせることはこの点で問題があり、[41]他方、多くの学校で全校生徒に配付されている生徒名簿（住所録）の記載項目の中に、保護者の氏名・職業・電話番号等が含まれていることについては、収集目的の範囲を超えた過大な情報提供ではないかという疑問が提起されている。[42]

さらに、個人情報を本人の同意その他相当の合理的理由なしに外部の第三者に提供してはならないとする

「外部提供の制限（禁止）の原則」との関係では、指導要録の記載内容や生徒名簿の校外流出がかねて問題になっているほか、[43]指導要録に基づく対外証明書の書き方が個人情報保護の観点から重要である。進学のための資料として受験校へ提出される内申書もまた対外証明書の一種であり、この場合、「たしかに情報伝達の相手方たる受験校は教育機関であるが、しかし、……いまだ教育過程が成立しているわけではなく、両者は教育関係に立つものではない。そのかぎりにおいては、受験校もまた『第三者』にほかならない。」その意味で、「本来Confidentialなものとして内部に留保されておかれるべき種類の情報……を、ゆえなく第三者に洩らした[44]」とすれば、個人情報の違法な外部提供といわざるをえまい。特定の目的で学校外に出す個人情報の証明書である以上、その記載方法や内容が必要な限度を超えるものであってはならないことに注意すべきであろう。

（1）兼子仁「情報への権利と学校教育」全国高法研会報六号（一九八七年）一三二～一三三頁。
（2）文部省『情報教育に関する手引』（ぎょうせい、一九九〇年）一四一頁以下所収。
（3）文部省・同右一〇九～一一〇頁。
（4）参照、文部省教育改革実施本部編『情報化の進展と教育―実践と新たな展開』（ぎょうせい、一九九〇年）、教育コンピュータ研究会編『コンピュータの中の子供たち』（現代書館、一九八八年）。
（5）奥平康弘『知る権利』（岩波書店、一九七九年）六九頁。
（6）堀部政男『現代のプライバシー』（岩波新書、一九八〇年）五〇～五二頁。
（7）総務庁行政管理局監修『情報公開―制度化への課題（情報公開問題研究会中間報告）』（第一法規、一九九〇年）三〇五頁以下。

(8) 総務庁・同右六五頁以下。

(9) 堀部政男『プライバシーと高度情報化社会』(岩波新書、一九八八年)三四頁以下、六五頁以下、一一一頁以下、自治大臣官房情報管理官室監修『地方公共団体における個人情報保護対策の考え方(第二次個人情報保護対策研究会報告書)』(ぎょうせい、一九九〇年)一一七頁以下。

(10) 奥平・前掲書注(5)二九四〜二九五頁、堀部政男「教育とプライバシー(8)(9)(10)」大学と学生二〇五〜二〇七号(一九八三年)、水野国利「指導要録の公開を定めたアメリカの法律とその波紋」月刊生徒指導一九七七年四月号、荏原明則「教育情報の公開とプライバシーの保護」神戸学院法学一三巻三号(一九八三年)、中嶋哲彦「米国における生徒と親のプライバシー権」久留米大学法学一巻一号(一九八八年)、片山等「教育記録と生徒・親のプライバシー権」今橋盛勝ほか編『内申書を考える』(日本評論社、一九九〇年)八五頁以下。

(11) 高見茂「学校の情報公開に関する一考察」日本教育行政学会年報一〇号(一九八四年)。

(12) 東京都立大学比較教育法研究会訳「西ドイツ『学校法草案』2」季刊教育法四三号(一九八二年春季号)一七二頁。

(13) 永井憲一・寺脇隆夫編『解説・子どもの権利条約』(日本評論社、一九九〇年)一二七・八九頁以下。

(14) 堀尾輝久「人権思想の発展的契機としての国民の学習権」日本教育法学会年報三号(一九七四年)三一頁。

(15) 社会教育における図書館と知る権利との関係に関しては、永井憲一「国民の知る権利と図書館の任務」季刊教育法三七号(一九八〇年秋季号)一四二〜一四三頁(同『憲法と教育基本権〔新版〕』勁草書房、一九八五年、二九八〜三〇一頁)参照。

(16) 今橋盛勝「学校教育と親の知る権利」季刊教育法五〇号一一〇頁。

(17) 兼子・前掲論文注(1)一三三頁。

(18) 兼子仁（堀尾輝久と共著）『教育と人権』（岩波書店、一九七七年）二六五頁。
(19) 今橋盛勝『教育法と法社会学』（三省堂、一九八三年）二〇五〜二〇六頁。
(20) 兼子・前掲書注(18)二一八・二二九頁。
(21) 堀部政男「教育とプライバシー(2)」大学と学生一九九号（一九八二年）五六頁、兼子・前掲論文注(1)一三二頁。
(22) 目黒区情報公開懇話会（永井憲一座長）「目黒区の情報公開をめざす提言」（東京都目黒区企画課編、一九八四年二月二一日）三頁、神奈川県県政情報室編『ケーススタディ・かながわの情報公開』（ぎょうせい、一九九〇年）一九頁、兼子仁・佐藤徳光・武藤仙令編著『情報公開・個人情報条例運用事典』（悠々社、一九九一年）一〇六〜一〇七頁など参照。
(23) 参照、本書七六〜八一頁。
(24) 神奈川県県政情報室編・前掲書注(22)二三頁。
(25) 兼子仁『行政法総論』（筑摩書房、一九八三年）一〇八頁、ほぼ同旨、田中二郎『新版行政法中巻〔全訂第二版〕』（弘文堂、一九七七年）三六頁、佐藤功『行政組織法〔新版・増補〕』（有斐閣、一九八五年）二三三頁。
(26) 以下の本文に関する有益な資料として、九州大学教育学部教育行政学研究室「資料・教育情報公開」教育行政学研究五号（一九九〇年）参照。
(27) 臨時教育審議会に関するものではあるが、清水英夫「審議会公開原則からみた臨教審」季刊教育法五三号（一九八四年秋季号）、平原春好「臨教審のあり方を考える」（同上）参照。
(28) 東京地決昭四三・九・二判例時報五三〇号一二頁、佐藤司「教育問題と情報公開」法学セミナー増刊『情報公開と現代』（一九八二年）二四四頁以下。
(29) 大阪地判昭五五・九・二四判例時報九九二号三二頁、安達和志「判批」別冊ジュリスト『教育判例百選〔第三版〕』（一九九二年）一一一二頁。なお神田修「情報公開と教育」ジュリスト臨増七四二号『情報公開・プライバシー』（一九八一年）九〇頁以下、佐藤・同右一三九頁以下参照。
(30) 福岡地判平二・三・一四判例地方自治六九号二九頁、結論同旨、福岡高判平三・四・一〇判例集未登載。
(31) 参照、都市計画地方審議会会議録非公開処分取消請求事件・浦和地判昭五九・六・一一判例時報一一二〇号三頁。
(32) 市川須美子・安達和志「教務内規の比較分析」季刊教育法五五号（一九八五年春季号）七一頁。なお中野進「教務内規の教育法的検討」（同上）も参照。
(33) 坂本秀夫『生徒懲戒の研究』（学陽書房、一九八二年）一八二頁。
(34) 坂本・同右一八六～一八九頁、兼子・前掲論文注（1）一三四～一三五頁。
(35) 参照、本田弘「教育行政と情報公開」都市問題八〇巻一号（一九八九年）。
(36) 朝日新聞一九九一年四月四日付朝刊・横浜版。
(37) 内申書裁判・文書提出命令申立事件東京地決昭五〇・一〇・八判例集未登載。
(38) 東京都目黒区の学校個人情報保護制度調査委員会答申の紹介を含めて、浦野東洋一「情報公開・個人情報保護問題と公立学校」同『学校経営管理理論』（エイデル研究所、一九九〇年）、一〇五頁以下、一一九～一二〇頁参照。
(39) 兼子仁「個人情報保護条例の諸問題」（同『行政法と特殊法の理論』有斐閣、一九八九年）三三一頁。なお奥平康弘「内申書裁判と教育裁量」法律時報一九八一年七月号、兼子仁「内申書はなぜ本人非公開なのか」季刊教育法五三号（一九八四年秋季号）、今橋ほか編・前掲書注（10）など参照。
(40) 参照、兼子・前掲論文注（1）一三七頁、中野・前掲論文注（32）一二一～一二三頁、嶋崎政男「生徒指導とプライバシー」季刊教育法六五号（一九八六年秋季号）、森田明・奥津茂樹『先生、プライバシーを返して』（三省堂、一九九〇年）四六頁以下。

(41) 参照、浦和地判昭六〇・二・二二判例時報一一六〇号一三五頁。

(42) 速水壮吉「個人情報の保護と生徒名簿」季刊教育法七二号（一九八八年春季号）六二頁以下。

(43) 参照、羽山健一「生徒のプライバシーをどう保護するか」季刊教育法七九号（一九八九年冬季号）。

(44) 奥平・前掲論文注(39)七一頁。

第二章　学校情報の公開と教育参加

はじめに

住民一般に公文書の公開請求権を認める情報公開条例とその公立学校への適用は、従来とかく秘密主義的で閉鎖的体質をもつといわれてきた教育界とりわけ学校の現実に対して、構造的な変革を求めることになっている。後に検討するとおり、学校情報はたしかに一般行政情報と異なる特質を有しているとみられるが、それはただちに条例上の公開原則に対する例外的扱いの必要を根拠づけるものではない。現行教育法原理をふまえた見方としては、むしろ多数人の学校生活にかかわる社会的・公共的な教育情報については、それを知ることが子どもの自主的な学習を助長するとともに、子ども・父母の学校教育自治への主体的参加のための基本条件になるという点において、学校情報を知ることはまさに子どもの学習権と父母の教育権の保障の一側面をなすと解される。(45)

本章は、情報公開条例によって現実化された教育情報とりわけ学校情報の公開と知る権利の保障が、現行教育法制における学校教育自治の確立と子ども・父母の教育参加に対してどのようなインパクトをもたらしているか、その法的意義と問題点を追究しようとするものである。なお、学校情報に関して、近年、調査書（内申書）・

指導要録等の子ども本人や親への開示の可否が問題になっており、これらについて〝学校の情報公開〟として論じるものが時にみられる。自治体によっては情報公開条例の中にそのような個人情報の「本人開示」制度を設けている例があるが、情報公開条例は、本来、請求者の範囲に広狭の差はあっても、不特定多数人に対して文字どおり「公開」するのが制度の趣旨である。これに対して、個人情報の当該本人への開示は、その訂正・削除を含めて、個人情報保護条例によってより十分に保障されることになるはずであり、両制度は相互に関連はするが法的には一応別のしくみであるとみられるので、議論の混乱を避ける意味でも区別して論じることが肝要であろう。本章では、公開原則の適用除外事項として必要なかぎりで教育個人情報保護の問題にふれるにとどめ、学校における教育プライバシー保護制度に関しては次章で検討することとしたい。(46)

なお、本章が対象とする「学校情報」の内容については、学校運営や子どもの学校生活全般に関して各学校が保有する教育情報（学校教育情報）を主とするほか、教委が保有する教育情報（教育行政情報）のうち、学校が作成し教委に提出したものを含めて広く捉えるものとする。

一　情報公開制度と学校情報の公開原則

(一) 情報公開条例と住民の教育情報を知る権利

情報公開条例は、行政の保有する公文書が公共のものであるという観念のもとに、住民の知る権利を保障することによって、自治体行政に対する信頼を確保し住民参加を促進することをめざして、住民一般に情報公開請求権を認めるとともに、自治体の各実施機関に対してその保有する情報の原則公開を義務づけることを基本的趣旨としている。このため、非公開とする情報の範囲は個人のプライバシー情報など合理的かつ必要最小限のものにかぎられ、また、公開拒否の決定に対する行政不服申立てに際しては、実施機関の諮問に応ずる情報公開審査会といった第三者的な救済機関が設置されていることが多い。

「実施機関」の範囲もまた条例で定められ、長をはじめ自治体の執行機関として選挙管理委員会、人事委員会、監査委員などのほか、教委が通常そこに挙げられていることから、教委所管の公立学校が保有する情報も条例の適用対象になると解されている。そこで住民は、条例に基づいて、教委や公立学校が保有する教育情報の公開請求権を保障されることになったわけであり、このことは、地域社会における情報民主主義の要請がとかく閉鎖的といわれる教育界に対しても及ぼされるようになったという意味で、極めて画期的であるといわなければならない。自治体における情報公開の制度化は、同時に、そこに住民の教育活動を知る権利の保障を含んでいる点で、そのような教育情報人権を教委の窓口を通じて一般制度的に実現するルートを公式に確立したものといえよう。そしてたしかに、教委会議録、教育予算・決算や教育施設設備、学校保健・給食に関する書類、各種の教育統計調査資料、さらに学校運営関係文書などの教育情報の公開は、まさに憲法上の地方自治保障の一場面である「教育の地方自治」の原理にそうものとして、自治体教育行政への住民参加や地域社会に開かれた学校づくり（教育の住民自治）を実現するうえでの重要な前提条件をなすと考えられる。

（二）一般行政情報に対する「学校情報」の特殊性

ところが、このように教育情報を原則公開とすることに対しては、特に「学校情報」の公開に関して教育行政関係者から次のような慎重論が提起されている。

それによれば、心身の発展途上にある児童・生徒を対象とする「学校教育の本質的性格から、実際に教育を実施するに当たっては、児童・生徒の健全な成長を促すとともに将来の可能性や人格形成への影響を踏まえた、様々な教育的配慮が必要となる。しかも、次代を担う青少年の育成は、単に保護者や学校関係者だけの責務ではなく、これを取り巻く社会全体の責務であるから、単に学校教育に直接携わる者だけではなく、これと関わりを持つ社会一般の人々についても前記教育的配慮の必要性が広く求められる」。「また、右の教育的配慮の対象は、単に生徒の個人的秘密に属する事項に限られるものではなく、広く学校に対する地域社会の信頼を低下させたり、在籍する児童・生徒全体の人格形成に悪影響を及ぼすような事項にも及ぶものである」。これらのことから、「学校教育に関する様々な情報を開示するか否かの決定を行うに当たっては、通常の行政分野に関する情報とは異なり、これを開示することが、個々の生徒の人格形成や学校全体の教育活動にいかなる悪影響を及ぼすものであるかについての慎重な配慮が必要であ」る。[47]

要するに、学校教育における教育的配慮の必要性から、学校情報については一般の行政情報にはない特殊性があり、特に児童・生徒の個人情報を十全に保護すべきことが要請されるほか、学校と地域社会との信頼関係（学校に対する社会的評価）が損われたり、学校の教育活動に支障をきたしたりすることがないようにするため、その公開の範囲は本来的に制約されるというのである。これは一般行政情報に対する学校情報の特殊性を根拠に、条例上の公開原則に関して例外的取扱いをなすべきことを主張するものであり、いわば学校情報の非公開原則を語っていることになるであろう。

学校運営の計画や方針、子どもの学校生活にかかわる定め・記録等を主とする学校情報には、それが子どもも一人ひとりの人間的成長・発達に教育専門的責任を負う教師の日常的な教育活動と密接に関連するだけに、たしかに一般行政情報とは異なる特殊性が多分にあると考えられる。しかし、それが当然に学校教師の内部情報にとどめられて原則非公開とされなければならない根拠になるか否かは、十分に検討される必要がある。

第一に、学校情報には、その教育活動の必要から必然的に、児童・生徒の個人情報が数多く含まれていることは（それが過大収集になっていないかどうかは別論として）事実であろう。したがって、そのような個人情報が公開の対象から除かれることは当然である。しかし、この点に関しては一般行政情報についても全く同様であり、条例で公開原則の適用除外事項の一つとして「特定の個人が識別され、又は識別され得る情報」が挙げられているのが通常であるから、学校情報について事実上それに当てはまる場合が多くありうるとしても、一般的には公開を制限すべき理由にはならない。

第二に、学校情報の公開が、つねに「個々の生徒の人格形成や学校全体の教育活動に悪影響を及ぼす」ものであるかどうかは問題である。「教育は、……国民全体に対し直接に責任を負つて行われるべきものである。」（旧教基法一〇条一項）という直接的教育責任の原理に照らして、学校教師が子ども・父母に対して真に責任を負える教育を行うためには、発達途上にある子どもへの教育的配慮のために教師の自主的な教育専門的判断が尊重されるべきことはいうまでもないが、さらに学校運営の方針や子どもの学校生活状況等を十分に公開することによって、子どもが自主的に考えながら成長・発達する権利を保障し、そして子ども・父母の疑問・批判や教育要求にも教育専門的水準で積極的に応えていくことが要請される、と見られるからである。

第三に、学校と地域社会との信頼関係や学校に対する社会的評価の損傷という点に関しては、むしろ学校情報の秘匿によって生じうる教師の独善への危険が問題であろう。また、学校の教育問題が人的・物的教育条件の整備状況や地域の生活環境にかかわっている場合には、その責任ある解決のために、問題を明らかにし、行政に対する要求を含めて、まさに地域自治的なとりくみさえ求められるほどなのである。県立各高校別の中途退学者数と原級留置者数を記載した公文書について、福岡県教委の公開拒否処分を違法とした福岡地裁平成二年三月一四日判決の次の指摘は、学校情報の公開が地域社会にもたらす影響を考えるうえできわめて示唆的である。

「多数の中途退学者や原級留置者の存在することは、それ自体無視し得ない社会的問題であるから、……社会的反響が生じることはむしろ当然のことであり、被告としては、当該県立高校とともに、……問題の根本的な解決に努力すべきであって、このような反響の生じること自体を弊害視したり、このような反響の生じることを避けるために現状を糊塗することは許されない。また、その反響の内容は、……より根本的に問題の解決を図るための批判や協力の申出というような当該県立高校の教育にとって有益な反響も多く寄せられることも予想されるのであって、弊害のみが生じるものとはいえない。」「むしろ、……本件情報が開示され、原告らによって有効に活用された場合には、県立高校の教育についての県民の関心を喚起し、教育行政に対する県民の積極的な参加を促す効果を生ずることが期待できるのであるから、……教育行政上も望ましい面が存するものというべきである。さらに、県民は県立学校の運営に要する経費を最終的に負担するとともに、県立高校に自己の子弟の教育を託すことも予想されるのであるから、……県立高校の教育環境を知ろうとすることは当然の要求であり、県立高校及びその指導責任を負う被告には、むしろこれを広く県民に知らせる責務がある(48)」。

かくして、学校情報の特殊性は、それが学校と教委の内部情報にとどめられるべき必要を根拠づけるものでなく、むしろ行政情報一般の公開原則と並んで、子どもの自主的な学習権と子ども・父母の学校自治的教育参加権の保障、教育の住民自治の要請といった学校情報に固有な教育人権保障の観点から、学校情報の公開原則をより強く裏づけるものといえよう。そこで、こうした教育法原理的観点について節を改めて論じていくことにする。

二　子ども・父母の知る権利と教育参加

(一) 学校の自治と子ども・父母の教育要求権保障

最高裁学テ判決によれば、憲法二六条の「背後には、国民各自が、一個の人間として、……成長、発達し、自己の人格を完成、実現するために必要な学習をする固有の権利を有すること、特に……子どもは、その学習要求を充足するための教育を自己に施すことを大人一般に対して要求する権利を有するとの観念が存在していると考えられる。換言すれば、子どもの教育は、教育を施す者の支配的権能ではなく、何よりもまず、子どもの学習をする権利に対応し、その充足をはかりうる立場にある者の責務に属するものとしてとらえられているのである。」そして、この子どもの学習権に根拠づけられる「親の教育の自由は、主として家庭教育……や学校選択の自由にあらわれる」[49]。

この親の教育権に含まれる学校選択の自由に関して、兼子仁教授は、私立学校を選ぶ自由のほか、公立学校についてては学校内における教育選択の自由や教育要求権などが原理的に認められなければならないとされる[50]。すなわち、「がんらい現代公教育法制にあっては、子どもの学習権に人間的成長発達の保障を求める積極的な要求権が含まれており、親・父母の教育権にはそれに代位する教育要求権が、たんなる教育選択の自由を超えて、含まれているはずである。学校教育による専門的な能力発達の保障も、がんらい学習者子ども本人の権利の問題であるとともに、人間的成長や人生的幸福の追求と有機的にむすびついており、加えて親は学校教育に連なる家庭学習について責任を負う立場から、学校教育への要求を持ちうるからである。」これに対して「教師は、親や父母代表から子どもの教育について話合いを求められたら、これにしかるべく応じ、出された教育要求について教育専門的に判断して採否を決め、その教育専門的理由をしかるべく説明する義務を負う」[51]。一九六六年のＩＬＯ・ユネスコ「教員の地位に関する勧告」六八項が「学校または教員に対して苦情を有する父母は、最初に校長または当該教員との話合いの機会を与えられるものとする。」と定めているのは、まさにこの趣旨を国際的に確認するものといえよう[52]。

さらにまた、学校運営方針、学校内規（教務内規・懲戒内規等）制定、教育課程編成、学校行事など、子どもの学校生活全般にかかわる全校的教育活動については、教師集団全体が共同の教育責任をもってのみ決定しうるはずの事項であり、子どもの学習権保障に直接の責任を負う教師のこのような集団的・組織的・自律的な決定権は、個別教師の教育権行使と有機的に結びついた「学校の自治」として法原理的に認められなければならない（旧教基法一〇条一項の条理解釈[53]）。その制度的中心をなすのが各学校の教師全員を主に構成され、全校的教育事項について審議・決定をする職員会議であるが、子ども・父母の教育要求権をふまえた学校の自治は、決して教師集団のみによる自己完結的な自治を意味するものでなく、いわば子ども・父母に対して開かれた自治であるとみられるので、児童会・生徒会や学級・学校ＰＴＡなども学校教育参加の重要な制度的形態として位置づけられる。この点に関して神田修教授は、「学校の自治は、今日における子ども、生徒らをめぐる学校教育のしくみを考え、またその現状をみるとき、益々その基盤を強固にする手だてを追求することが求められるのではないか。端的にいえば、父母、生徒ら、地域住民が直接、或いは間接にかかわり、決定できるようなしくみを求めていくことがそれである。[54]」と述べ、子どもはもとより、父母・住民の参加を受けて教育責任を果たすしくみを学校内に整えることによって、学校自治の基盤がより強化されることを指摘している。

かくして、子どもと父母の教育要求権は、教育専門的事項に関する教師の教育の自由[55]とも両立しうる学校教育への手続的参加権として現代の公教育法制において大いに重視されなければならない。

（二）子ども・父母の学校情報を知る権利と教育参加

教育法学がこれまで解明してきた子どもと父母の教育要求権（学校自治的教育参加権）は、法律上の明文規定はないとしても、子どもの学習権と親の教育権の観念から導かれる教育条理法にその根拠が存在し、学校教育参加の具体的な組織・制度・手続に関しては、当面各学校における慣習法に委ねられているとみられる。[56]したがって、子ども・父母の教育参加の現実的保障は、まさに各学校の教師・父母の法規範意識と学校自治の実績にかかっているということができよう。

これに対して、情報公開条例とその公立学校への適用は、教育にかかわる住民の知る権利の保障と学校情報の公開原則の地方自治的確認を意味するものであり、教育参加制度の学校自治慣習法的な確立とその実質化への制度的な前提条件を固めることになると思われる。〝情報なくして参加なし〟といわれるように、元来、学校教育への子ども・父母の有意味な参加が行われるためには、学校情報の原則的公開が必須の条件をなすことは明らかであろう。この点で、一九八九年に採択された国連・子どもの権利条約が、子どもは「あらゆる種類の情報を求め、受ける自由」への権利を有し（一三条一項後段）、「教育上……の情報……をすべての子どもが利用し、かつアクセスできるものとすること。」（二八条一項(d)）と定めていることは大いに注目される。

このような学校情報を知る権利に関して、今橋盛勝教授は、「授業内容選択の根拠、生活指導上の措置の判断根拠、成績評価基準、事実上の懲戒行為・体罰の事実認識、高校入試の内申書の記述内容・評価基準については、『教育問題』を父母が認識し解決の方法を見出すための、すなわち父母の教育権、子どもの学習権の保障のための前提的権利として、知る権利を有すると解される。この権利は、子どもの学習権と一般人権の保障、父母の教育権に内在した権利であると解されなければならない[57]」と述べている。その意味では、子ども・父母の学校情報を知る権利は、情報公開条例によって新たに創設された権利ではなく、条例は、教育人権に条理上内在していたこの権利を確認し、かつ権利行使の公式のルートを整えたものということができる。

三　情報公開条例と学校の自治

（一）条例「実施機関」としての教委と学校

情報公開条例は、教育法制に特有な学校情報の公開と子ども・父母の教育参加にとっては以上のような意義を有するとみられるが、その反面、学校の自治との関係では大いに検討を要すべき制度問題を含んでいることに注意しなければならない。

すなわち、子ども・父母・住民の学校情報公開の請求に応じて、条例上、保有情報の原則公開の義務を負い、公開・非公開の決定を行う「実施機関」は、一般には前述のとおり執行機関としての教委である。ただし、実際に各公立学校が保有する情報に関する公開の可否の判断・決定の手続がどのようになっているかは必ずしも明らかでないが、前章で述べたとおり、制度運用上は、各実施機関において当該情報の管理を分掌する行政組織上の所管課等の長の専決（いわゆる内部委任）によることが予定されている。したがって、各学校が現に保有する情報に関しては教委の指導のもとに「所管課」としての公立学校の校長が決裁し、対外的には教委の決定として表示されることになるものと思われる。

そこで、このしくみのもとでは、条例の適用に際して公開可否の判断が微妙な学校情報の取扱いについては教委が地域一律の方針を出すことになり、教育行政の現状に照らして公文書の管理を通じて教委の校長管理体制が強められるおそれがある。ここにまさに、現行教育法原理としての「学校の自治」を損わせかねない重大な問題が伏在しているといえよう。換言すれば、近年の情報法の発展によって成立した条例に基づく住民の知る権利の実現と、これまで教育法学が解明してきた教師集団と子ども・父母参加による学校自治の確立という、情報法の課題と教育法の課題とが交錯・対立する場面がここに端的に現れているとみることができ、両者の間で十分な理論的調整が図られなければならない。

（二）学校の自治をふまえた知る権利の実現

そのような観点から、さしあたって考慮すべき課題を以下に提示しておくこととしたい。

1　公開決定権限の校長委任

校長「専決」のしくみに代えて、条例に定める教委の公開決定権限を、各学校が保有する情報については校長に移すという「権限委任」のしくみ（地教行法二五条）が考えられる。この場合、委任事項は対外的には受任者である校長名で決定され、その効果も校長に帰属することになるので、学校の自治がより尊重されやすいであろう。

ただし、こうした条例上の実施機関の権限委任に関しては、情報法の筋から次のような反論がありうる。

①情報「条例は実施機関である執行機関等が、日常行う行政執行上の事務処理の方法・手段について、……みずから規制を加え、義務を負った一種の行政手続法だから」、「条例による『実施機関』の権限は、『実施機関』として直接責任を負うべきものであって、補助機関による専決はともかく、補助機関への権限委任にはなじまない」。権限の委任は、「このため、実際の運用にあっては……条例のもつ制度的意味を損なう恐れがある。[58]」

②実施機関の権限が補助機関に委任されているときは、公開拒否決定に対する不服申立ては、決定者である補助機関への「異議申立て」でなく実施機関あての「審査請求」となる（旧行政不服審査法五条一項一号・六条一号）。この場合、条例に基づく第三者的審査会への諮問は法制度上は不服審査権の委任ではないため、不服申立てを受理した審査庁（実施機関）は、処分庁（補助機関）の弁明書の提出や不服申立人の反論書の提出を求め（同法二二・二三条）、また申立てにより不服申立人の口頭意見陳述を義務づけられる（同法二五条）など、条例による審査会諮問手続と並行して審査庁が法定の権限を行使する余地を生じてしまう。このような事態は、情報条例が第三者的な不服審査を住民に保障した趣旨に合致しないことになる。[59]

これに対して、まず①については、たしかに例えば教委の保有情報に関する公開決定権を教育長に権限委任することには問題があるが、[60]各学校が保有する学校運営情報に関しては、元来、その作成・利用等につき教師集団の教育専門的自律性が尊重されるべきであるとみられるので、そのような教育自治体としての学校の長への権限委任は、教育長の場合と同列には論じられないであろう。なお、この場合、「校長」への権限委任といっても、子どもの学習権と父母の教育権の保障に対する学校の教育責任にかんがみ、校長を含む職員会議による審議・決定を校長が形式的に代表するものと解すべきである。

また、②で指摘されている事柄は、公開拒否決定に対する不服申立てが「審査請求」になった場合に共通の問題であり、水道・交通などの公営企業管理者や消防長が条例上の実施機関と定められているときにも同じく妥当する。不服申立人から審査庁に対して口頭意見陳述の申立てがなされた場合には、結局、条例による審査会諮問手続を優先するよう窓口指導に努めることで対処するほかないであろう。

2　公開事務全体の校長専決

これは、神奈川県教委で一九八四（昭和五九）年以来、現に実施されてきたしくみである。神奈川県情報公開条例施行規則（平成一二年三月三一日神奈川県教育委員会規則一二号）一七条により、「行政文書の閲覧等に関する事務」が室・課長等のほか県立の高等学校等の「校長」の専決とされ、学校は、請求書の受付、公開可否の決定とその通知から、対象文書の閲覧や写しの交付または不服申立書の受付とこれに対する決定通知に至るまでを行うことができる。(61)このように公開可否の判断・決定だけでなく公開事務の全体を校長専決とする試みは、子ども・父母が直接学校を窓口として公開請求をするルートを開くものであり、現場教師の意識変革にもつながりうるという点で注目される。現在のところ直接学校への具体的な請求例の実績に乏しく、(62)また校長専決体制にともなう前述の問題点はなお残るが、学校自治の確立のために、当面、子ども・父母への周知を含めて生かしていくべきしくみであると評価できよう。

3　学校情報公開の内規づくり

条例に基づく学校情報の公開は、いわば教委を窓口とした住民の知る権利保障の公式ルートであり、これとは別だてに、各学校が保有する情報に関する学校自治慣習法的な内規を制定し、子ども・父母からの請求を学校が直接に受けて情報を公開するしくみが設けられてよいと思われる。子どもの学習権に内在する教育・学習情報の公開は、子どもとの関係では、元来その過程自体が教育作用でもあり、また、公開の過程で教師の説明や教師と子ども・父母との直接の対話がともなってしかるべき場合が多分にありうる点で、公開の範囲や判断基準には条例とは独自の観点も考えられる。加えて、公開内規の制定にあたっては合わせて学校内の文書管理体制の改革が必須であり、その際、必要以上の文書記載の圧縮・簡略化などの〝情報隠し〟があってはならないことはいうまでもなく、子どもの学校生活にとって十分な学校情報の文書化のしくみが整えられなければならない。こうした内規づくりがその制定手続への子ども・父母参加を含めて学校の自主的努力によってなされたならば、より有意味な学校自治的情報公開制度の実現へ向かうことになろう。

(45)　兼子・前掲論文注（1）一三三頁。
(46)　両者を合わせて概括的に問題を整理・指摘したものとして、佐藤司「教育と情報公開・個人情報保護―近年における問題性」星野安三郎先生古稀記念『平和と民主教育の憲法論』（勁草書房、一九九二年）二八一頁以下参照。
(47)　後出の福岡県教育情報公開事件における被告・教委側の主張（判例地方自治六九号三四頁）。これに対する批判として、石村善治「情報への権利の理論―教育情報にもふれて」日本教育法学会年報二一号（有斐閣、一九九二年）一〇二・一〇七頁参照。
(48) 福岡地判平二・三・一四判例地方自治六九号二九頁。
(49) 最大判昭五一・五・二一判時八一四号三三頁。
(50) 兼子仁『教育法［新版］』（法律学全集、有斐閣、一九七八年）二〇八～二一〇頁。
(51) 兼子・同右三〇〇～三〇一頁。
(52) 参照、宗像誠也ほか『教師の自由と権利』（労旬新書、一九六七年）。
(53) 兼子・前掲書注（50）二九八頁、神田修「学校自治と教育における住民自治─その法理と制度を考えるために」日本教育法学会年報三号（有斐閣、一九七四年）一〇三頁、同「学校の自治と教育委員会の管理権─校務分掌としての『主任』を中心にして」立正大学文学部論叢六〇号（一九七八年）五～九頁など参照。これに対して、校務分掌の決定権に関してではあるが、名古屋地判平二・一一・三〇判時一三八九号一五〇頁は、「憲法二三条が大学におけると同じ意味での教授（教育）の自由を普通教育機関の教員に認めていると解することはできない。……教授の自由の認められない普通教育機関においては、法律に特段の定めがない限り学校自治は認められず、教職員会議に教授会と同一の権限を認めることはできない」と判示している。しかし、「学校の自治」に関しては、伝統的な大学の自治と全く同じ意味でその認否が問われているのではないことに注意しなければならない。
(54) 神田修「教職員と父母でつくる学校の自治」季刊教育法三五号（一九八〇年春季号）四一～四二頁。
(55) 最高裁学テ判決でも、一定範囲という限定つきながら憲法上の「教師の教授の自由」の存在が肯認されている。
(56) 兼子・前掲書注（50）三〇四頁。
(57) 今橋・前掲書注（19）二〇一頁。

(58) 兼子ほか編著・前掲書注(22)一五三〜一五四頁。
(59) 同右二九五〜二九六頁。
(60) 同右一五四・二九六頁。
(61) 参照、神奈川県教委「神奈川県の機関の公文書の公開に関する条例の解釈及び運用の基準」三七頁。
(62) 参照、永田裕之「情報への権利と教育参加—神奈川県下における制度、現状、課題を中心に」日本教育法学会年報二一号（有斐閣、一九九二年）一二二頁、永野恒雄「全国高法研の教育情報研究」季刊教育法八七号（一九九一年冬季号）八〇頁。

第三章　学校情報の開示と生徒の個人情報権

はじめに

一九八〇年代に入って全国的に制定され始めた個人情報保護条例は、自治体の行政機関が収集・利用する個人情報に関して、本人の開示、訂正、削除、利用等中止の各請求権を制度的に保障しようとするものである。他方、情報公開条例に基づく行政情報（公文書）の公開は、請求者の範囲に広狭の差はあるとしても、不特定多数の住民に対して文字どおり一般「公開」するものであり、「個人情報」は、かえって私生活の秘密という伝統的意味でのプライバシー保護の側面で、公開原則の適用除外とされる。

個人情報保護条例の公立学校への適用と、それによる学校の教育活動にともなう子ども・生徒等の個人情報権[63]（自己情報決定権）の保障は、憲法上の個人の尊厳・尊重（憲法一三条）という一般人権にとどまらず、さらに「個人の価値を尊重して、……自主及び自律の精神を養う」（教育基本法二条二号）人間教育をめざす学校で、子どもをプライバシーをもった独立の人間として扱っていくことがその自主的な成長発達のための重要な人権的支えであることに、その原理的根拠があるとみられる。[64]それはまさに、子どもの学習権の根底をなすものといえよう。

また、親がわが子の教育個人情報の開示等を求める権利は、子どもの学習生活状況を親が正しく認識し、適切に家庭教育指導や学校等への教育要求をしていくための基本条件をなすという点で、子どもの学習権に代位する親の教育権行使に必須の権利とみられる[65]。ただし、個人情報権は、元来、個人に専属するプライバシー人権にほかならないから、子どもであっても当該情報の意味・内容を十分に理解できる発達段階に達している場合には、本人の意思を第一に尊重すべきであろう。そのような意思能力を有すると客観的に認められる年齢以上の子どもの個人情報については、子ども本人、または子どもと親の連名での請求のみを認めるのが権利の性質に適している[66]。

これに対して、前章で論じた情報公開制度に基づく学校情報[67]の公開原則は、子ども・父母の学校自治的教育参加の重要な前提となるものである。この両制度の相違や関係について、現下においてその理解に若干の混乱がみられるように思われる。内申書・指導要録の開示問題を〝学校情報の公開〟ないし〝個人情報の公開〟という形で論じ、また個人情報についても〝知る権利〟保障の一環としてそれに含めて語ることは、運動的スローガンとしての分かりやすさはあるが、両制度が対立する場面などを考えれば、理論的には不正確ないし不適切な表現であろう。

一　生徒個人情報の保護をめぐる問題

(一) 教育評価記録の本人開示

1　審査会答申・決定等の動向

生徒個人の教育評価を記録した内申書・指導要録に関して、一九九一（平成三）年以来、本人への全部開示を認める審査会答申や教育委員会決定の動きが目立っている。

中学校内申書については、大阪・高槻市で在校生に対して文章記載の教師所見欄を含む全部開示を相当とする全国初の審査会答申（一九九一年二月二八日および九二年一一月一二日）が出たのに次いで、神奈川・逗子市教委が卒業生への全部開示を決定した（九四年三月二四日）。

指導要録については、まず大阪・箕面市教委が、個別ケースの判断としてではあるが、審査会答申を受けて卒業生に対する幼稚園から中学校までの指導要録の全部開示に踏み切り（一九九二年六月一二日）、続いて川崎市教委が審査会答申の趣旨にそって、卒業生につき小・中・高校指導要録を全面的に開示することとし（九三年二月六日）同時に一九九四年度からは在校生に対しても全部開示を行うこととなった。これを皮切りに、各地の自治体で指導要録の全部開示への流れが生まれた[68]。

なお、指導要録の本人開示に関する最初の判例として、東京地裁平成六年一月三一日判決[69]が出ている。これは東久留米市公文書公開条例に基づく小学校卒業生の公開請求に対して、同市教委（教育長）がなした拒否処分の取消訴訟である。判決は、条例が定める公開原則の適用除外事由のうち事務事業執行への支障に該当すると判断して請求を棄却した。そこでは非公開による弊害を認めつつも、「公開を前提とした制度的整備等が必ずしも十分でない現行の指導要録制度のもとにおいて」は、次の点で公開にともなうより大きな弊害があるとしている。①マイナス評価の記載によって、児童が意欲・向上心を失い、または保護者や児童本人の感情的反発・誤解を招く結果、その後の指導に支障を来したり、教師・学校との信頼関係を損ったりする可能性がある。そのため、②教師がマイナス面の記載を躊躇し、客観的かつ公正な評価を行うことが困難となり、指導要録の内容が形骸化・空洞化して信頼できる指導資料とならなくなるおそれがある（卒業生であっても、公開を前提として記載するのであれば同様のおそれは存在する）。

右判決は、情報公開条例を利用した請求例である点で、そもそも生徒個人情報である指導要録は公開の対象にはなりえないのではないかという疑問がある。またそれと関連して、個人情報保護条例では通常定められていた例外的な本人不開示事由として、「評価に関する情報で本人に知らせないことが正当と認められる」か否かについては、当然ながら判断していないことにも注意すべきであろう。ともあれ事務事業執行支障の判断に関しては、従来の本人開示消極論とほぼ共通するものであり、前述した各自治体の趨勢に照らして、少なくとも卒業生については別の考慮がありえたように思われる。

2　本人開示消極説の根拠論の検討

教育評価記録の本人不開示を正当とする見方の論拠としては、一般に次の点が挙げられている。①教育評価は客観的かつ公正にありのまま記載されるべきものであり、そのため従前より記載内容は秘密とする慣習的扱いがなされてきた。②開示すると本人・親から強い圧力を受け、客観的かつ公正な評価が困難になる。③評価についての認識の相違から、生徒・親の感情的反発や誤解を招き、教師・学校との間の信頼関係を損うおそれがある。④マイナス評価の記載を知ることは、本人の自尊心を傷つけ、意欲・向上心を失わせるなどの教育的悪影響を及ぼす可能性がある。

このような指摘に対しては、第一に、指導要録と通知表（通信簿）との〝二重帳簿〟制を問題にしなければならないであろう。そこでは、指導要録が「ありのままの評価」を記載した正式の教育評価記録である一方で、通知表は、教育的配慮を加えた評価情報だとして区別されることとなる。(70) しかし、こうした二分論はそもそも教育評価本質論として成り立ちうるのであろうか。

教育評価として記録されるのは、客観的事実そのものではなく、事実に対する評価的な見方であり、そこには初めから教育的配慮が加わっているといえる。人間の長所と短所とが多くの場合に表裏の関係にあるとすれば、成長途上にある子どもの長所を発見して伸ばしていくのが真に学習権保障的な教育評価であると考えられる。[71]マイナス評価の正式記録が教師間でのみ流通することは、かえって子どもに対する予断・偏見を招く危険があろう。また、とりわけ子どもの意欲・態度の評価や「行動と性格の記録」のような多分に生活指導的評価を〝客観的かつ公正〟に行おうとするのであれば、学校・教師側の見方だけでは一面的になるおそれがあり、本人・親の意見や主張を十分にふまえることが必須だといわなければならない。

第二に、教育評価記録を本人不開示とする制度慣行に関して、新たに制定された条例の効果による変更の可否が問題になっている場合には、従来の慣行の合理性如何が改めて問い直されなければならないであろう。本人に開示することによる事務事業の執行支障の判断も、従来からの態様を基準にするのではなく、個人情報保護制度の新たな施行を前提に考えるべきである。元来、慣習法も条理に支えられてこそ強力になるはずであって、「学校の教育評価記録を親・子ども本人に隠して成り立つ〝教育信頼関係〟という観念には、不条理さがある」[72]以上、学校・教師側かぎりでの不開示慣行はもはや存続に由ないとみられる。

第三に、本人開示消極説の背景には、一般個人情報に対する教育個人情報の特殊性論があるように思われる。学校が作成・保管する教育評価記録については、教育的配慮の必要から、本人開示の是非、開示できる対象・時期は基本的に教師の専門的判断に委ねるべきだとする趣旨の主張もなされている。本人開示は、本来、学校の教育活動の中で教師の説明と対話をともなって行われてこそ真に効果的だという意味では、この指摘は一面で正しい部分を含んでいる。しかし、教師の教育専門性とは、子ども・親の批判を受け止め、合理的な意見は採用するとともに、不合理な注文に対してはその専門性をかけて説得するという〝開かれた専門性〟であるべきであるから、条例上一律不開示とすべき絶対的根拠とはなりえないであろう。一方で教師の教育専門性を強調しながら、他方で本人に開示すると誤解や感情的反発を生じその後の指導が困難になると主張することは、論理的に矛盾しているといわざるをえまい。[73]

また、およそ人格評価のたぐいは、それを公正に行おうとすれば評価される者の面前においてもしくは公開されることを前提としては容易になしえない、といった人格評価一般の〝経験則〟[74]は、それ自体の当否は別としても、無条件に教育評価に援用するわけにいかない。本人開示を前提にすると、教育評価の記載が当たりさわりのないものになり、指導要録が形骸化・空洞化するおそれがあるという議論に至っては、まことに奇異というほかない。パターン化した表現や「特記事項なし」といった記載では、かえって子ども・親との信頼関係を失い、教師の教育専門性の水準を問われかねないように思われる。

（二）事故報告書の訂正

1　体罰報告書の訂正答申

生徒個人情報への条例上の訂正請求権の行使に関しては、川崎市個人情報保護審査会の答申（一九九一年九月一二日、三川個審一九号）が注目される。

これは、市立小学校から教委に提出された体罰事故報告書につき、児童本人と親から内容が事実と異なるとしてなされた訂正請求への一部拒否決定に関するものである。答申は、事故報告書は「校長に代表される学校側の認識および見方を表示した公文書」であり、「児童・両親との関係における事故事実の最終的な調査・認定は、なお今後に残されている」としつつ、学校生活事実の真否の解明について裁判手続のような事実認定は困難かつ

不適切であるので、訂正請求主張文書の添付をもって、条例上の「訂正」措置とするのが相当とした。(75)

2　訂正請求の限界

個人情報保護条例では、通常、実施機関が保有する個人情報記録に「事実の記載の誤りがあるとき」に、その訂正を請求できると定められている。右答申は、訂正対象となる「事実の記載の誤り」について、実施機関・教委側が主張する住所、氏名等のような公簿上で容易に確認できる事項に限る見方は狭きに失するとし、個別事実に関し客観的に判断できる事項を指すと解した。そこで訂正請求が認められるのは、個別事実であって、その「記載の『誤り』につき、請求者・不服申立人から決定的な証拠資料を提出したか、または比較的容易に真否の事実認定がなされうる場合」などであるとし、これに対して、事実状況の評価的記述は対象にならないと述べている。

答申の判断は、訂正請求の対象を従来の行政解釈より拡大した点に意義が認められるが、同時に、本件のような条例に基づく事故報告書等の訂正請求の限界も示すこととなった。この点、両論併記という答申の結論に対しては、中途半端な問題処理だとする批判もありえよう。しかし、事故報告書の記載内容が、多分に学校内で生じた事故の事実状況全体の見方・評価に関わり、また個別事実についても、「比較的容易に真否の事実認定がなされうる場合」でないことが多いのも事実である。その意味で、一般制度である条例に基づく訂正には自ら限界があることは認めざるをえまい。事故報告書が、関係教師処分や事故の再発防止の重要な基礎資料となりうる点からすれば、根本的な記載内容の是正や真否の追及のために、それに相応しい制度が条例とは別だてに整備されるべきであろう。

(三)　収集・目的外利用・外部提供をめぐる問題

1　学習権保障目的による生徒情報取扱いの制限

学校における生徒個人情報取扱いについては、個人情報保護条例の上で、次のような制限が課せられることとなった。

（1）収集の制限（収集目的の限定）　特に個人の思想・信条等のセンシティブ情報については、収集が原則的に禁止される。さらに、個人情報の過大収集を抑制するため、本人からの直接収集を原則とし、また収集目的を明確にして、その目的に必要最小限の範囲内での収集にとどめなければならない。この目的限定性を担保するしくみとして、後述する個人情報取扱業務の目的別登録制ないし届出制を設けるのが通例である。

（2）目的外利用の制限　収集された個人情報は、その目的にしたがって利用すべきものであり、収集目的以外の別目的利用は原則として禁止される。ただし、条例で定められた当該自治体の実施機関の範囲での内部利用について相当の合理的理由がある場合には、例外的に目的外利用も認められる。

（3）外部提供の制限　収集された個人情報を当該自治体の実施機関以外の外部の行政機関や民間団体・個人等に提供することも、原則的に禁じられる。ただし、相当の合理的理由がある場合には例外的に外部提供が認められる。「情報公開」はまさに外部提供にあたり、個人情報保護の見地から公開原則の適用除外との関係で解釈問題が生じることとなる。

それぞれの制限原則の例外を認める場合については、条例の定めにより、本人の同意、法令の根拠、法令等に基づく正当な行政執行であるといった理由以外では、第三者的審議会への諮問が求められ、その結果は登録・公示ないし本人通知される。

そこで、個人情報の収集・保管・利用の流れは第三者的な監視のもとに置かれることとなるが、いったん収集された個人情報の利用・提供の中止には実際上の困難をともなうことが多いため、個人情報権の実効的保障のためには、収集段階での目的限定制がまずもって重要だといえよう。[76]その際、学校における生徒個人情報の収集については、教育活動に利用されるのである以上、真に学習権保障に必要な目的・範囲に限られるべく拘束されていると考えられる。

2　個人情報取扱業務の登録・届出単位

個人情報取扱業務の登録・届出制は、自治体が収集し、利用する個人情報記録の内容とその流れを住民に明らかにし、収集等の適正をチェックすることを目的とするものである。したがって、このしくみを十分に機能させるためには、目的限定制に関わる登録・届出単位を適切に設定することが重要だといえる。その設け方は各自治体により様々であるが、所管課ごとに一つのまとまりをもつ「業務」を登録・届出の単位とするものが多く、またその場合でも、業務の捉え方により登録・届出の業務数にかなりの相違が出ている。[77]

学校が保有する個人情報の取扱業務のうち、生徒関連の登録・届出業務の数についても、やはり各自治体によって相当の差が生じている。それらの中には、たんに「中学校（小学校）」という業務名を挙げるのみのものがあり、また、「教育指導業務」の名で学籍、生活指導、進路指導、入学者選抜（高校）などをも一括して扱うものもみられる。これは、学校の業務は生徒の教育全般に及び、相互に密接不可分であるから、業務単位・校務分掌別の収集・利用制限は不適切だという見方によるものと思われるが、[78]生徒個人情報の保護の視点からは過大収集や不当な目的外利用に対するチェックがはたらきにくくなるおそれがあり、問題であろう。

他方、条例上の「目的外利用」は、同一自治体の全実施機関の範囲内での利用であるため、学校内の目的外利用と学校外の実施機関による生徒個人情報の目的外利用とで特段の区別はされていない。この点、学校自治の観点から、学校外に出す目的外利用に関して「外部提供」に準ずる扱いとする内規的定めを設けることが検討されてよいであろう。

二　個人情報保護条例の学校への適用の意義と限界

(一)　先進自治体における条例の積極適用の評価

以上見てきたように、学校の教育活動にかかわる生徒個人情報の本人開示・訂正請求権の実現について、少なからぬ自治体の審査会等がこれを認める方向に動いている。このような先進自治体における条例の積極適用は、多分に関係者の住民運動的努力や人権感覚に富む審査会の果敢な判断によるものと思われ、大きく評価することができる。

もっともこのことは、現象的には、教育行政に対する一般行政制度的な外圧ともみられる事態であり、戦後教育改革の基本理念の一つである「教育行政の一般行政からの独立」原理との関係では、検討を要すべき問題を含んでいる。この原理は、元来、自治体においては教育の住民自治を含意していたと考えられるが、その後の教育行政の歴史的推移の中では、むしろ教育委員任命制や都道府県教育長文相承認制などがこの原理の文字どおりの実現を損ってきたといえる。[79] 今日、教育個人情報に関する父母・住民の人権意識は相当に高まってきており、一連の審査会の判断も、地方自治的な一般行政制度を通じて教育行政・学校運営の是正を迫る住民要求を積極的に受け止めたものとみるべきであろう。

(二)　文書記載の圧縮・簡略化への危険

他方、一部の自治体におけるこうした画期的判断・決定の先行は、まさにこれを〝外圧〟と受けとる教委と学校に逆のリアクションをとるおそれを生じている。事故報告書を口頭報告に切り替えた例も実際にあり、また、指導要録を全面的に開示することになれば、〃ありのままの教育評価〃の記載は補助簿（教務手帳）へ移行し、指導要録が形骸化するという指摘もなされている。

条例の制度的効果による生徒個人情報保護への決断とこのような〃情報隠し〃の危険とは、一種のディレンマ（二律背反）の関係にあるといわざるをえない。このディレンマを克服するためには、まずもって直接の当事者である学校・教師の意識改革が必須であるが、それにとどまらずさらに、生徒の個人情報権保障にそくした学校内の関連諸制度の改革が求められる。

（三）個人情報保護の確立と学校改革の課題

現代的な情報プライバシー権の保障はもはや社会の必然であり、学校教育にとっても無縁ではありえない。学校・教師には、むしろ学校の教育活動にともなう生徒の個人情報権保障への動きを好機として、それを学校改革へ結びつける努力が期待される。

個人情報保護の確立にかかわる学校改革の課題としては、さしあたり次の事項が挙げられる。

（1）教育評価制度の改革　従来の教育評価の考え方を転換し、学習権保障的な教育評価観に立って教育評価記録のあり方や記載事項・内容等を見直す。指導要録と通知表との〃二重帳簿〃制は廃止する。

（2）学校事故の原因究明手続の整備　体罰を含む学校事故への対処に関しては、すでに一部の自治体で教委規則や通達によりそのガイドラインづくりが始められている。現行制度上の事故報告書が「学校側の認識および見方を表示した公文書」にとどまっている実情に対して、学校内で事故報告書を作成する過程に当事者である生徒本人や親などの意見・主張を組み入れる手続の整備が考えられる。ただし、別に教委のもとで第三者的な原因究明手続を設けることとの間では、選択の余地があろう。

（3）学校内文書管理体制の改革　教師が日常的に作成・管理する文書については、これまで必ずしも教委等で定める文書管理規程にそうものではなかったといわれる。[80] そこで今後、生徒個人情報記録を含めて、学校固有文書の適正な取扱いを期すためには、文書管理に関する内規を十分に整備しておく必要がある。その際、とりわけ生徒個人情報の扱いに関しては、当該情報の法制的位置づけを明確にし、必ず文書化してファイル等に保管すべき公的記録と教師の私的メモを区別することが肝要である。教育活動への利用を正式に予定した公的記録については、内容に応じて保存（安全管理）・廃棄等の基準が適切に定められるべきこととなる。

（四）個人情報保護条例と学校の自治

個人情報保護条例の公立学校への適用を契機として、学校における生徒の個人情報権保障の重要性が認識されつつあることは、基本的に評価すべきものと考えられる。しかし同時に、現行教育法原理としての学校の自治の観点からは、条例の直接効果によって一般行政制度的な権利保障ルートを学校内に及ぼすことには自ら限界があることにも留意する必要があろう。

1　条例「実施機関」としての教委と学校の関係

条例では、個人情報の収集、保管、利用等の全体について所定の制限に服し、当該情報の本人からの開示・訂正等の請求に応ずべきものを「実施機関」と定めている。そこで、公立学校が収集・利用等を行う生徒個人情報に関しては、教委が条例上の「実施機関」と解されている。ただし、本人開示・訂正等の請求に対する可否の実際の決定者は、各自治体の制度運用により相違がある。

①所管課等の長の「専決」（内部委任）が予定されている場合には、教委の指導のもとに当該校の校長が内部

的に決裁し、対外的には教委の決定として表示されることになるはずである。しかし、各学校に共通の生徒個人情報記録や重要な判断事項については、教委が地域一律の方針を出すとみられ、公文書の取扱いを通じて教委の学校管理体制が一段と強化されるおそれが生じうる。[81] また、②教育長に対して「権限委任」している例があり、これは対外的にも教育長の決定として表示される。このしくみでは、条例の趣旨に反して実施機関たる教委の権限と責任が全うできないことになり、前者とは別な意味で批判されよう。[82]

2　教育行政情報と学校教育情報の区別

個人情報保護条例は、教育行政機関が収集・利用する生徒等の教育個人情報について、その制度的な権利行使への途を開いたという点で、今後の活用が大いに期待される。ただ、各学校が教育活動に際して収集・利用する生徒の個人情報に関しては、学校自治の観点および本人開示・訂正等が同時に子どもの学習権保障につながる教育作用であることが望ましいことなどから、学校内で教師の説明と対話をともなってそれらの権利が実現されるのが本来のあり方と考えられる。教委の権限行使を通じて学校における生徒個人情報の取扱いを是正するという条例のしくみは、過渡的にはやむをえないとしても、基本的な問題があることに留意しておくべきである。

以上のように、教委が保有する教育情報（教育行政情報）と各学校が保有する教育情報（学校教育情報）には、現行教育法制においてその権利保障ルートに原則的な相違があるとみられ、両者を区別して論じることが適切だと思われる。[83] 学校教育情報をめぐる生徒の個人情報のより適正な保障のためには、条例とは別だてに、簡易開示・訂正等を含む学校自治的な個人情報保護内規の制定が検討されてよい。そのような内規づくりが、学校・教師等の意識改革と前述した学校内の関連諸制度の改革をともなって進められることによって、はじめて子どもの学習権に結びついた個人情報権の保障が、学校教育の場に相応しい制度として実現することになろう。

(63) 学校教育に関する個人情報の主体には、児童・生徒等のほか、本人情報が学校に保有されているかぎり卒業後の成年者も含まれうるが、本章では必要に応じ便宜的に「生徒」の語をもって代表させることとする。

(64) 兼子・前掲論文注(1)一三三頁。

(65) 同旨、結城忠「親の教育権と学校教育⑿」季刊教育法九八号五〇頁。

(66) 同旨、兼子ほか編著・前掲書注(22)二二八〜二三〇頁。個人情報保護条例では、未成年者の個人情報に関しては、法定代理人として親も開示請求権などを行使できるとする定めが通例であるが、立法論としては検討の余地がある。

(67) 本章では、「学校情報」の語を、各学校が保有する教育情報を主とするほか、学校が作成し教委に提出したものを含めて捉えておきたい。

(68) 千葉・船橋市、東京・中野区、神奈川・厚木市などのほか、個別ケースの判断ではあるが、県段階でも福岡県、長野県、神奈川県が卒業生への高校指導要録の全部開示を行った。

(69) 東京地判平六・一・三一判例時報一五二三号五八頁、判例タイムズ八八七号一七九頁。

(70) 教師間かぎりでのマイナス評価情報の流通を予定することの原理的・制度的問題点については、市川須美子「教育自己情報開示請求―積極論」ジュリスト増刊『情報公開・個人情報保護』(一九九四年五月)二五五頁。

(71) 参照、東洋「子どもの能力と教育評価」(東京大学出版会、一九七九年)六〜七・二六〜二八頁。なお、一九九一年三月に文部省の調査研究協力者会議が出した「指導要録の改善方針」によれば、「所見」欄は「児童生徒の長所を記述すること」としており、そのかぎりでは結論的に本文の趣旨にそうものと評価できよう。

(72) 川崎市個人情報保護審査会平成四年一〇月九日答申（四川個審一三号ほか）。これに対し、篠原清昭「管理職と情報公開」季刊教育法九四号三七頁は、条理（法）に対する慣習法の法形式上の優先性を軽視するものと批判する。同旨、菱村幸彦「教育情報の公開をどう考えるか」季刊教育法九三号一六頁。しかし、問題は、教育評価本人不開示という学校・教師内部で続いてきた旧来の慣行が、今日の時点でも父母を含む教育界の多くの人々の法的確信に裏づけられた現行「法」であるかであろう。

(73) 参照、下村哲夫「教育情報自己開示請求」ジュリスト増刊『情報公開・個人情報保護』（一九九四年五月）二五七頁以下。

(74) 内申書裁判・文書提出命令申立事件東京地決昭五〇・一〇・八（判例集未登載）。同決定が、菱村・前掲論文注（72）一七頁をはじめ、個人情報保護審査会における実施機関・教委側の主張の中でしばしば引用されている。

(75) 川崎市教委は、これをうけて同年一〇月二九日に同旨の決定を行い、その後、当該体罰事件に関する調査を弁護士に委託し、その報告に基づいて学校側に体罰事故追加報告書を作成させることとなった。なお、指導要録等における「欠席日数」などの記載に関しても、同じ審査会が、「訂正不服申立て」のあった旨を付記することが妥当と判断している（一九九二年一〇月九日答申（四川個審一五号ほか））。

(76) 学校における生徒個人情報の過大収集や、不当な目的外利用・外部提供とみられる問題事例については、本書一七二～一七三頁のほか、佐藤・前掲論文注（46）二九三～二九八頁、結城・前掲論文注（65）五〇～五二頁など参照。

(77) 参照、兼子ほか編著・前掲書注（22）一六三～一六五頁。

(78) 浦野・前掲論文注（38）一〇八～一一〇頁、およびそこに収載されている目黒区立学校個人情報保護制度調査委員会答申（一九八八年二月二九日）参照。

(79) 兼子仁「教育法学における原理と制度」神田修編著『教育法と教育行政の理論』（三省堂、一九九三年）三九～四〇頁。

（80）永田・前掲論文注（62）一二一頁。

（81）詳細については、本書一六四〜一六五頁、同一八八〜一九〇頁のほか、篠原・前掲論文注（72）三八〜三九頁参照。

（82）教育長への教委権限の委任は、地教行法二五条一項に基づく教育長に対する事務委任規則による。同規則の中で委員会議決事項の方を限定列挙している場合（それ自体にも問題はあるが）、個人情報保護条例に基づく権限がそこに明示的に挙げられていないかぎり、教育長に権限委任されたことになる。

（83）参照、本書一六二〜一六三頁のほか、篠原・前掲論文注（72）三九〜四〇頁。

第四章　子どもの「健全育成」と個人情報の外部提供

はじめに

本章では、いじめ、暴力行為など日ごろ問題行動の多い児童・生徒について、学校が、その氏名・住所や、問題事案の具体的内容、指導状況などに関する情報を警察機関に提供してもよいか、その是非を検討してみたい。この場合、ポイントとなるのは、学校と警察の連携のあり方、個人情報保護条例に基づく目的外利用・外部提供の制限との関係、各自治体で近年設けられつつある学校と警察の相互連絡制度に関する内容差と注目される学校・警察間の協定例、生徒個人情報の共有の意義と問題点である。以下、順次述べていくこととする。

一　学校と警察の連携

少年非行の防止を目的として、一九六三（昭和三八）年に警察庁保安局長と文部省初等中等教育局長からそれぞれ出された通知に基づき、全国の警察署や市町村その他の区域ごとに、学校警察連絡協議会（学警連）や補導連絡会等の組織が設けられ、地域における少年非行状況や児童・生徒の問題行動に関する学校・警察間の情報交換が行われてきた。しかしながら、こうした動きに対しては、学校の教育活動への警察権力の介入を招くおそれがあるとの観点から、教育関係者の間では消極的または批判的な考え方も示されていた。

さらに、少年非行の状況が凶悪化・粗暴化する近年の傾向に対し、学警連等の場が形骸化しているケースが見られ、必ずしも具体的な非行防止対策に役立っていないとして、二〇〇二（平成一四）年五月二七日付けで、「学校と警察との連携の強化による非行防止対策の推進について」と題する警察庁生活安全局少年課長通知、および同通知を添付してその周知と改善への配慮を求める文部科学省初等中等教育局児童生徒課長通知が発出された。右の通知は、「少年の非行・被害をより効果的に防止し健全な育成を目指すとともに、少年の再非行防止や被害回復に向けた事後の継続的な指導・支援をよりきめ細かに行うためには、学校と警察、とりわけ学校の教職員と警察署の少年担当官が相互に信頼関係を構築した上で、学警連等を始めとする協議の場を、一般的な情報交換の場にとどめず、より実質的な連携の場として、具体的な事案対応や街頭補導等の活動を協力して推進していくことが重要である。」として、学校と警察との連携の強化に向けた各種の対策を提示している。

これを重要な契機として、学校と警察との「相互連絡制度」が、同年一〇月に宮城県で発足したのを皮切りに全国的に広まることとなった。この「相互連絡制度」は、少年非行等を防止し、子どもの「健全育成」を図ることを目的として、学校と警察とが緊密な連携を効果的に行うため、両者間で特定の子どもの氏名や問題行動等の情報を相互に提供することを内容とするものである。かねて、学校が児童・生徒の名簿や顔写真を警察に提示するなどした事例が、安易な情報提供だとしてプライバシー侵害などの問題が指摘されていたが、この制度についても、とりわけ学校から警察への情報提供に関して、学校が保有する関係児童・生徒の個人情報をみだりに警察に提供することになるのではないかとして、重大な論議を呼んだ。

二　個人情報保護条例に基づく目的外利用・外部提供の制限

学校が保有する児童・生徒の個人情報の取扱いに関しては、公立学校の場合、設置者である自治体の個人情報保護条例が適用されることに注意する必要がある。個人情報保護条例では、長と並ぶ自治体の執行機関である教委も条例の「実施機関」とされているため、教委所管の公立学校が保有する文書等に記録された個人情報も条例上の保護の対象となるのである。

個人情報保護条例では、通常、実施機関による個人情報の収集・利用等に関して個人情報取扱業務の登録制ないし届出制を採り、実施機関が保有する個人情報は、登録・届出業務の範囲内において、当該業務を所掌する組織があらかじめ明示された収集目的にしたがって利用するものとする原則を定めている。これを目的拘束性の原則といい、収集目的以外の他の目的で当該個人情報を利用すること（目的外利用）や、実施機関以外の他の機関等に当該個人情報を提供すること（外部提供）を禁止している。そして、この原則に対して、例外的に目的外利用や外部提供が認められるときを、概ね次のような場合に限定している。すなわち、①法令等の規定に基づく場合、②本人の同意に基づく場合、③個人の生命、身体または財産の安全を守るため緊急やむをえない場合、④審議会の意見を聴いて必要と認められる場合である（ただし、プライバシー保護の観点から目的外利用と外部提供を区別し、外部提供に関してはより厳格な要件を定める自治体もある）。

公立学校が保有する児童・生徒の個人情報を警察機関に提供するような場合を考えてみると、区市町村においては、教委が条例の「実施機関」であるのに対して、警察機関は区市町村の組織ではないため、条例上は「外部提供」に当たり、都道府県においては、教委と公安委員会・警察本部長はともに条例の「実施機関」であるため、条例上は「目的外利用」に当たることになる。[84]ただし、後者にあっても、同一都道府県の組織であるとはいえ、学校という教育機関内において教育目的のために収集・保管されている個人情報が他の実施機関、とりわけ相対的に独立性の強い警察機関に提供されることには、十分に慎重な配慮が必要である。したがって、目的外利用の許否の判断については、実質的に外部提供の要件と同様の厳格さが求められよう。

そして、いずれにしても、右の①から③までには該当しないと解されるので、④により条例に基づいて設置された審議会に諮問を行い、その意見（答申）をふまえて当否を決することとなる。その際には、正当な業務遂行上の必要性の有無・範囲とともに、個人情報保護の実効性確保の見通しが判断の重要な基準になると考えられる。

三　学校と警察との相互連絡制度の内容差

学校・警察間の「相互連絡制度」に基づいて、特定の子どもの氏名や問題行動等の情報を相互に提供しあうことを容認するか否かに関しては、現に各自治体の対応に差異が生じている。さらに、こうした相互連絡制度の内容を具体的にどのように構成するかについても、地域の実情に応じて様々な形態がありうるように思われる。

東京都教委と警視庁は、二〇〇四（平成一六）年四月五日、「児童・生徒の健全育成に関する警察と学校との相互連絡制度」に係る協定を結んだ（同年五月一日施行）。同協定によれば、学校から警察への連絡事案は、「ア　児童・生徒の非行等問題行動及びこれらによる被害の未然防止等のため、校長が警察署との連携を特に必要と認める事案」、「イ　学校内外における児童・生徒の安全確保及び犯罪被害の未然防止等のため、校長が警察署との連携を特に必要と認める事案」（五条二号）とされている。この点、例えば横浜市の相互連携制度では、学校から警察への情報提供につき、次の事案のうち学校が相互連携を必要と認めたものとして、①犯罪行為等に関する事案、②いじめ、体罰、児童虐待等に関する事案、③暴走族等非行集団に関する事案、④薬物等に関する事案、⑤児童生徒が犯罪の被害に遭うおそれのある事案を具体的に列挙している。

次に東京都の協定では、連絡の範囲は、「対象事案に係る児童・生徒の氏名、事案の概要及び対象事案に関係する児童・生徒の健全育成に資するため、少年育成課長、警察署長又は校長が連絡を必要と認める事項」（六条）となっている。また、連絡の方法については、「対象事案を取り扱った少年育成課長、警察署長及び校長を連絡責任者とし、連絡責任者又は連絡責任者の指定した者が、電話又は面接による口頭連絡により」（七条）行うものとされている。

なお、個人情報への配慮等に関しては、「関係機関は当該情報の秘密保持に努め、本協定の趣旨を逸脱した取り扱いは、厳にこれを禁ずる」（八条）とし、関係児童・生徒への対応につき、「相互連絡の内容のみによって児童・生徒に不利益にならないよう適正な措置を行う」（九条）ことが定められている。

現在、各地で実施されている相互連絡制度のしくみは、大筋で以上摘示したような内容と定め方を基本としているようにみられるが、連絡事案の要件や連絡事項の範囲がやや抽象的で、具体的な選定に当たって関係者の裁量の余地が広いこと、個人情報への配慮などに関し不適正な取扱いがなされないようにする手立てが明確でないことなど、なおいっそうの見直し・改善が必要であろう。

四　神奈川県の審議会答申と「学校・警察情報連携協定」

全国的に進められつつある学校・警察相互連絡制度の一般的な内容と対比すると、神奈川県教委からの諮問に応じて、同県個人情報保護審議会が二〇〇六（平成一八）年七月二五日に行った答申は、結論において個人情報の目的外提供を是認するものであったが、次のように、そこに付された条件はきわめて注目に値する。

第一に「目的の範囲による制限」として、児童・生徒の立場にたって十分配慮した運用を行うこと、必要があるときは警察に対し使用目的・方法等の制限を付すこと、第二に「提供する場合の制限」として、保護者とも連携しながら事前の十分な指導を積み重ねたにもかかわらず、警察と連携する以外に、児童・生徒の非行防止、犯罪被害防止および健全育成をこれ以上図ることが困難な場合にかぎること、第三に「自己情報コントロール権への配慮」として、事前の本人への通知等を行うこと、第四に「児童・生徒等への説明」として、本事務を開始するにあたり、児童・生徒、保護者、県民に対して趣旨・内容を十分説明し、理解を得るよう努めること、第五に「運用状況の報告及び協定書の見直し」として、審議会の求めに応じ協定事務の運用状況を報告すること、運用状況を毎年検証し、必要な措置を講ずる旨を協定書に規定すること、である。

右の答申を受けて、神奈川県教委と神奈川県警察本部は、同年八月二八日、「学校と警察との情報連携に係る協定」を締結した。また、同協定を実施するため「学校と警察との情報連携に係る実施要領」（同年九月一一日神奈川県教委制定）が定められている（いずれも同年一一月一日施行）。同協定においては、学校から警察へ情報提供する事案は、「ア　児童・生徒が違法行為を繰り返している事案」、「イ　児童・生徒が犯罪被害に遭うおそれのある事案」、「ウ　児童・生徒の生命、身体又は財産の安全を守るため緊急かつやむを得ない必要がある事案」（四条二号）とされている。ただし、これらの事案に該当するときでも、警察へ情報提供できるのは、警察の有する専門的知識が立ち直りのための支援又は指導に効果がある場合、児童・生徒の心身に重大な影響を及ぼす場合である（同実施要領九条）。

情報提供の範囲としては、「当該事案に係る児童・生徒の氏名及び住所並びに……その他の学籍に関する内容」、「当該事案の概要に関する内容」、「当該事案に関する指導状況に関する内容」（同協定五条）の三つが挙げられている。また、情報提供の方法については、「事案を取り扱った警察署長又は警察署長があらかじめ指定する者及び校長又は校長があらかじめ指定する者が口頭又は文書により行う」（同六条）。

なお、個人情報への配慮等に関しては、「収集した情報について、秘密保持を徹底するとともに、この協定の目的以外の目的に当該情報を利用してはならない」（同七条）との定めがある。

さらに、同実施要領二条に示された基本的考え方も注目される。それは、「本制度は教育的配慮のもとに運用されるものであり、警察への情報提供に当たっては、児童・生徒に対し保護者と連携して十分な指導・支援を積み重ねた上で、情報提供するものとする。また、警察から収集した情報をもって当該児童・生徒に対して、不利益となる処分をすることなく、事案に関係する児童・生徒が健全な学校生活を送ることができるよう、保護者や警察との連携のもとで継続的な指導・支援を行うものとする。」というものである。また、同実施要領には、学校が警察に情報を提供する場合について、本人通知原則（校長等が提供する情報の内容を当該生徒本人または当該児童の保護者に通知する）、「提供連絡票」の作成（校長が作成し、一年間保存）、教委への事前連絡・協議（緊急の場合は事後報告）などが定められている。(85)

五　生徒個人情報の共有の意義と問題点

さて、以上のような検討をふまえて、学校が保有する児童・生徒の個人情報を警察に提供することの是非について考えてみたい。

たしかに近年の学校において、子ども間のいじめ、器物損壊等の粗暴行為などの問題はますます深刻化しているとみられ、これらの根本的解決のためには、学校を超えた地域的とりくみが必要と考えられる。その意味では、教育相談機関のほか、児童福祉関係機関、警察機関等とも連携して、関係児童・生徒の情報を共有することに積極的な意義が認められないわけではない。

しかしながら、こうした相互連携・連絡の制度化がめざす子どもの「健全育成」という目的は、きわめてその内容が広範かつ多義的であり、それに対して、学校、福祉、警察などの関係者は、教育、健康・生活、犯罪捜査など、それぞれの役割とそれに応じた専門性をもって子どもと接する立場に任ぜられている。その中でも、とりわけ学校・教師は、子どもの人間的成長・発達に学校教育という場で専門的責任を負っており、子どもの問題行動に対しても、保護者や他の子どもとも協力しつつ、できるかぎりの生活指導を尽くすことが第一義的に求められていると考えられる。その意味で、相互連携・連絡の関係において学校の主体性がいかに確保されているかが問題となろう。

また他面で、子どもは、家庭、学校、地域等でそれぞれ違う顔をもって生活している場合があり、今日の人間疎外的な社会状況のもとで、そのどこかに安息できる居場所を見出しているかもしれない。そのような場合、個人情報が地域の関係者の間で総合化され、多くの機関によって共有されることになると、当該情報の正確性の有無とも関連して、子ども本人にとっては自己の情報が丸裸にされ、逃げ場がなくなってしまうという事態も、全く杞憂とはいえないように思われる。

こうした問題を考慮するならば、学校が保有する児童・生徒の個人情報の警察提供については、その制度化の是非自体に関してもなお異論がありうるが、少なくとも関係者の裁量的な運用に多くを委ねるようなしくみでなく、明確かつ厳格な条件と公正な手続的ルールのもとに行われるべきものといえる。神奈川県の学校・警察情報連携協定は、その試みの例として評価できよう。

なお、二〇〇二（平成一四）年に制定された少年警察活動規則（国家公安委員会規則）では、「少年の非行の防止及び保護を通じて少年の健全な育成を図るための警察活動」を少年警察活動と呼び、学校その他の関係機関との協力を謳っているが、こうした警察活動が、犯罪捜査部門とは明確に区別された少年保護・育成部門に属する警察職員によって担われるという警察機関内での十分な組織的分離の確保が、格別に重要と考えられる。[86]学校から児童・生徒個人情報を警察提供する際には、その提供先が警察組織において明確に区分された少年保護・育成部門に特定されていることは、基本的な前提条件をなすものといえよう。

（84）兼子ほか編著・前掲書注（22）二〇九～二一〇頁。

（85）ただし、校長が「提供連絡票」により事前に教委の協議に付す（同実施要領一二条一項）とされている点については、当該「提供連絡票」に児童・生徒の氏名・住所等の情報が記載されるとすれば、教育機関としての学校と教育行政機関としての教委との関係では、個人情報の具体的な利用の必要限度を超え出るおそれがあり、少なからず疑問がある。

（86）兼子仁・蛭田政弘『学校の個人情報保護・情報公開』（ぎょうせい、二〇〇七年）六〇～六二頁参照。

第五章　情報公開・個人情報保護と学校公文書の管理

はじめに

二〇〇一（平成一三）年に国の行政機関情報公開法（正式名称は「行政機関の保有する情報の公開に関する法律」）が施行され、同法一条に、「国民主権の理念にのっとり、……政府の有するその諸活動を国民に説明する責務が全うされるようにする」との目的が謳われることとなった。さらに、二〇〇九（平成二一）年には公文書管理法（正式名称は「公文書等の管理に関する法律」）が制定・公布され、同法一条にも、「健全な民主主義の根幹を支える国民共有の知的資源」である国・独立行政法人等の公文書等について、「国民主権の理念にのっとり、……現在及び将来の国民に説明する責務が全うされるようにする」と規定されている。これに一九八〇年代初め以来、全国の自治体に普及した情報公開条例とを併せて、今や情報民主主義の時代における国と自治体の〝説明責任〟という考え方が社会的に認知されてきているということができる。

そこで本章では、こうした〝説明責任〟が問われる時代的趨勢のもとにおける教育情報の公開と個人情報保護の意義およびその相互関係について改めて確認するとともに、それらの基本的な前提として学校公文書の管理のあり方を検討することにしたい。

一　教育における情報公開・個人情報保護の意義と問題

（一）情報民主主義の時代と教育行政・学校

1　教育情報の公開と教育行政・学校の説明責任

情報公開条例の制定により、教育行政機関や学校が保有する教育関係の情報も、この一般制度の対象として取り込まれることとなったため、教育関係者の当事者意識としては、依然として住民からの教育情報の公開要求を政治・一般行政からの〝外圧〟と見る観念が根強く残っているように思われる。このような見方は、旧来より長年の間、教育行政と学校が閉鎖的体質をもち、子どもや父母を学校施設のたんなる利用者、そして住民を全くの部外者とみなしてきたことと無関係ではないであろう。

しかし、子どもの権利主体性や保護者の権利に対する人々の意識は以前に比べて格段に高まっており、教育法的には、今や子ども・父母は学校教育の当時者にほかならず、また住民も学校教育を地域的に支える重要な存在と考えられるようになっている。また他方では、近年、教育の国家主義的傾向の亢進とともに、学校の授業内容が偏向しているのではないかとの批判や、いわゆる不適格教師問題などでの学校・教師に対するバッシングも生じている。かくして、これらの背景のもとで、教育行政機関や学校もまた、子ども・父母、そして地域社会に対する説明責任を強く問われる時代になっているのだということになる。教育情報の公開要求を〝外圧〟視して、〝受け身〟でしか捉えられない教育行政や学校の現状を変え、説明責任を積極的に果たすことによってその閉鎖的体質を改革していくことが、情報民主主義の時代における教育行政・学校の今日的な重要課題であるといえよう。

２　学校情報の公開

自治体の情報公開条例の対象となる教育情報には、教育行政機関である教委およびその所管する公立学校が保有する公文書に記載された情報が広く含まれている。主体別には、教委が保有する情報と学校が保有する情報に区分することができるが、内容的には、教育行政に関する事務・事業上の情報である「教育行政情報」と、学校における日常的な学校運営や教育指導に関する情報である「学校教育情報」とがあるとみられ、両者は区別される必要があると考えられる。学校教育情報については、まずもって子どもや父母に対しては、情報公開条例に基づく公開請求というルートを経るまでもなく、各学校において直接に簡易開示する手立ての方が相応しいといえよう[87]。

この場合、情報公開条例に基づき、教委を窓口とした一般住民からの公開請求と、条例を通さずになされた各学校単位での子ども・父母からの公開請求とでは相当に意味あいが異なり、公開の範囲にも違いがありうる。後者の子ども・父母に対する学校教育情報の公開が日常的に簡易な手続で行われることは、学校の教育自治に子ども・父母が参加するための基本条件をなすと考えられ、従来の学校観を大きく転換することに繋がる。すなわち、学校教育情報の公開の日常化は、学校運営の担い手ないし当事者をもっぱら教師と捉えてきた〝学校＝教師〟観から、子ども・父母の教育要求に対して教師が教育専門的な説明責任を積極的に果たすことにより、教師とともに子ども・父母も学校運営の重要な構成メンバーとして位置づける参加民主主義的学校観への転換をもたらすことになろう。

これに対して、一般住民からの条例に基づく学校教育情報の公開請求も、学校が地域社会に対して大いに説明責任を果たすべき重要場面には違いない。ただし、教委を請求の相手方とする現行制度にあっては、公文書の管理を通じて学校運営への教委の過剰な関与を招くおそれが多分にあり、公文書の様式・内容や公開可否、その範囲の判断に当たっては、学校の教育自治が可及的に尊重される必要がある。また、学校教育情報の公開を契機とした議会政治的な権力介入は、教育の自主性・中立性を侵し、教育に対する「不当な支配」（教基法一六条）として違法であることにも注意しなければならない。

（二）個人情報保護法制の進展と教育における子どものプライバシー人権保障

伝統的なプライバシー権を超えて、現代の高度情報化社会に必要な自己情報コントロール権を保障しようとする個人情報保護の制度化に関しては、情報公開制度からやや遅れて、一九八〇年代半ばから自治体の条例づくりが始まり、国の行政機関個人情報保護法（正式名称は「行政機関の保有する個人情報の保護に関する法律」）が施行されたのは二〇〇五（平成一七）年であった。自治体の個人情報保護条例の適用対象に、やはり教委およびその所管する公立学校が保有する個人情報の記録が含まれるところから、個人情報保護制度の導入は学校に大きなインパクトを与えることとなった。

学校は子どもの個人情報を多く抱えており、かつて家庭環境調査書（身上調査書）の調査項目が広範囲に及ぶことが個人情報の過大収集ではないかと問題になるなど、教育熱心であるほどに子どもの個人情報取扱いに無頓着な傾向があったようにみられる。しかしながら、たしかに子どもの生活指導に当たって家庭状況を含む多くの個人情報を入手することが有用であるとしても、子どもの個人としての人格を尊重し、その現代的なプライバシー人権を十分にふまえたものであることが、今や必須といわなければならない。また、個人情報保護制度の導入を契機として、子ども・父母間の緊急連絡網を廃止するなどやや過剰反応と思われる事態も生じている。

自治体の個人情報保護条例は、個人情報の収集目的の明確化とその範囲の限定、目的外利用の制限、外部提供の制限を定めるとともに、自己情報の本人に対して開示・訂正・削除の各請求権を保障することを基本的内容としている。このような個人情報保護制度の確立は、本来、情報公開制度を充実させていくための前提条件といえるものであり、学校教育においても大いに意識改革が求められよう。今後の学校における取組みとして、子どもの個人人格の尊厳と人権主体性をふまえた〝プライバシー権利教育〟の実践、生活指導における関係機関との連携のあり方などを含めて、学校と子ども・父母との協働でプライバシー・コードを作成するといった試みが検討されてよいであろう(88)。

二　学校公文書管理のルールづくり

(一) 公文書管理法の制定

情報公開制度や個人情報保護制度で対象となるのは紙媒体や電磁的方式で記録された有形情報としての「公文書」であり、口頭でのやり取りである無形情報は含まれない。さらにこの「公文書」とは、内部的な決済・供覧手続を済ませた正式文書にかぎらず、「実施機関の職員が職務上作成し、又は取得した文書、図画及び電磁的記録……であって、当該実施機関が管理しているもの」(川崎市情報公開条例二条一号)などと定義され、いわゆる〝組織共用文書〟を指すものとして、職員個人が備忘録的に作成・保存する私的メモと区別されている(89)。

そこで、情報公開と個人情報保護の両制度が実質的な効用を発揮するためには、「公文書」が適切に作成され、保存・管理されるとともに、その存在が人々に明らかにされることが重要である。従来、国や自治体の行政機関が保有する公文書に関しては、行政組織内部の記録・資料であって、国民・住民の権利義務には関わらないという考え方から、各機関においてそれぞれ公文書管理規則等でそのルールが定められ、その内容は必ずしも統一的に整備されたものではなかった。二〇一一（平成二三）年度から施行された公文書管理法は、国および独立行政法人等が保有する公文書等の適正な作成、保存、移管・廃棄等に関する統一的ルールを定めるものである。自治体に直接適用されるものではないが、自治体にも、その保有文書の適正管理に関して必要な施策の策定・実施の努力義務が課せられており（同法三四条）、今後、同法の趣旨にのっとった公文書管理条例等の制定が進んでいくものと思われる（熊本・宇土市、北海道・ニセコ町、大阪市、島根県、熊本県では、すでに条例化がなされている）。

（二）旧来の自治体公文書管理規則とその学校への適用の問題

自治体での公文書管理条例づくりは必ずしも積極化しているとはいえず、全国的には旧来の公文書管理規則で対応しているものが多いとみられるが、具体的に幾つかの教委が定める公文書管理規則を素材にして、その中で所管公立学校の文書管理がどのように位置づけられているかを検討してみることにしたい。

（1）東京都教委文書管理規則（平成一一年一二月二八日教委規則六四号）

都教委の文書管理規則では、東京都教育庁内の部および教育事務所等に置かれる課・室等とともに、都立学校が「課」の一つとして位置づけられ（二条八号）、その「課」ごとに「文書取扱主任」を置くが、学校に置く「文書取扱主任」については校長が指定する者を充て、教育長が任免することとなっている（五条二項）。その他、若干の特則的定めがあるほかは、庁内の課等の場合とほぼ同様の規律が適用されている。

（2）神奈川県教委行政文書管理規則（平成一二年三月三一日教委規則一四号）

神奈川県教委の行政文書管理規則は、「神奈川県教委……の職員がその分掌する事務に関して職務上作成し、又は取得した文書、図面及び電磁的記録」を「行政文書」と定義したうえで（二条一号）、本庁以外の所管機関等と並んで、県立高等学校・中等教育学校・特別支援学校を「所」と呼称し（二条五号）、教育局企画調整部行政課長を本庁・所における行政文書事務の総括者に任ずるとともに、学校における行政文書事務については所の長である学校長を統括者と定めている（四条一～三項）。その他、学校に関する特則はなく、実施細目は神奈川県教委教育行政文書管理規程（教育長訓令）に委ねられている。同規則に関しては、教委職員には当たらない学校教職員の作成・取得する文書が当然に対象文書に含まれ、本庁内の事務文書と同等視されるなどの問題があろう。

（3）横浜市立学校行政文書管理規則（平成一二年六月三〇日教委規則一二号）

横浜市では、市教委が市立学校行政文書管理規則を独自に制定していることが注目される。ただし、「学校の職員が職務上作成し、又は取得した文書、図画、写真、フィルム及び電磁的記録……であって、当該学校の職員が組織的に用いるものとして、当該学校が保有しているもの」を広く「行政文書」と呼称している点（二条一項）には、後述するような重大な疑問がある。同規則は、そのうえで、教委事務局の総務部総務課長を「学校における文書事務」統括者とし、校長を「文書管理者」、副校長を「文書主任」と規定し（五条）、また、行政文書の保存期間の基準を定めた別表には、教務に関する文書や学校内部の検討文書なども挙げられている。

（4）川崎市教委事務局公文書管理規則（平成一三年三月三〇日教委規則六号）

川崎市教委の事務局公文書管理規則は、文字どおり教委事務局における公文書の作成、分類、保存および廃棄に関する基準等を定めるものであるが、「学校その他の教育機関の公文書の取扱い」についても同規則を準用することとされているほか（一三条）、川崎市立学校公文書管理規程（平成一五年四月一四日教育長訓令四号）が特設されている。同規程では、教委事務局の総務部庶務課長が文書主管課長とされているものの（規則二条四号、規程二条一項四号）、当該学校における公文書に関する事務処理は、「すべて校長が中心となり」行うことが基本原則として明らかにされている（三条・一三条）[90]。

かくして、各教委の公文書管理規則における所管公立学校の位置づけは区々であり、必ずしも当該公文書管理規則による規律が実際に学校公文書の隅々に及んでいるか否かは判然としないが、特に教委の公文書管理規則をそのまま所管公立学校に適用ないし準用する場合、公文書の範囲が上述した学校教育情報にまで及ぶことを考慮すると、公文書の適正管理を名目として、教委の学校に対する管理統制が強化されるおそれが多分に懸念されよう。

（三）学校公文書の管理に関する内規づくり

文書管理規則にいう文書について、「公文書」の語に代えて「行政文書」と呼称したうえで、それを学校文書にまで及ぼす例に関しては、根本的な疑問があるといわなければならない。もともと「行政文書」の語は、国の行政機関情報公開法が、それまで自治体で情報公開条例の対象文書を「公文書」と表記してきたのに代えて採用して以来、それに倣う形で自治体にも普及してきた言葉である。国の場合は、国会・裁判所の保有する文書が対象外であるために「行政文書」という語が選ばれたと見られるが、近年の自治体情報公開条例等は議会も実施機関に含めるようになってきているので、あえて国に倣って「行政文書」の語を使用すること自体の不適切さが問題になる。

それに加え、教委が行政機関であるのに対して、その所管に属するとはいえ公立学校が「教育機関」であることは、地教行法三〇条が明記しているとおりである。したがって、教委公文書管理規則の所管公立学校への適用・準用を当然視したり、学校・教師が取得・作成し、組織的に共用する文書（学校公文書）を一律に「行政文書」扱いにしたりするような実態は、所管公立学校をあたかも行政機関である教委の出先・末端機関と見なすものであって、教育行政機関と教育機関の区別を看過するものと批判されよう。

もっとも、学校内の組織共用文書の中には文字どおり「行政文書」に当たる教育行政情報も一部含まれうるが、大部分は子どもの学習指導に関わる学校教育情報だとみられる。公文書管理法の制定をうけた公文書管理規則の見直しや公文書管理条例づくりの進展が予想される状況のもとで、公文書の管理を通じた教委の学校管理体制強化を抑止するためには、学校教育情報の性質・内容をふまえ、学校運営の特殊性にそった文書管理の体制を構築するなど、「学校公文書」に特有の管理のあり方が追求される必要がある。この際、学校関係者自身による学校公文書の管理に関する内規づくりへのとりくみが大いに期待される。

（87）詳しくは、本書一六二〜一六三頁参照。
（88）参照、中嶋哲彦「学校が保有する個人情報―児童・生徒の個人情報の外部提供とプライバシー・ポリシー」自治体法務研究一七号（二〇〇九年）八九頁。
（89）参照、兼子仁・千葉和廣『情報公開Q＆Aハンドブック』（ぎょうせい、二〇〇〇年）二〇頁。
（90）同規程に関しては、兼子＝蛭田・前掲書注（86）二四・二七八頁以下参照。

第四部

子どもの学習権保障と義務教育制度

第一章　一九七九年養護学校「義務」制施行と障害児の「就学義務」論

はじめに

一九七九（昭和五四）年四月一日から施行されたいわゆる養護学校「義務」制は、一面において都道府県に養護学校設置を義務づけることにより、障害児の就学権保障を進めるうえで大きな意義を有するものとみられるが、他面、養護学校が「義務」化された以上一定程度の障害をもつ子どもについてはすべて養護学校に就学させる義務があるという文部行政解釈(1)を生じせしめることになったため、地域の普通学校への就学を希望する親とこれを拒絶しようとする教育行政当局との間で各地に深刻な紛争状態が発生している。(2)本章は、そこにおいて唱えられている右の養護学校「就学義務」論を吟味し、障害児をめぐる「就学義務」の法的意義を現行教育法制に照らして再検討しようとするものである。

以下、まず障害児の学習権保障にとって有意味とみられる現行教育法の基本原理を挙げ、次に、それをふまえた「就学義務」制の制度的意味を確かめつつ、養護学校「義務」制施行の意義を法論理的観点から整理し、最後に「就学義務」と障害児の具体的な就学権保障に関わる制度的問題点を考察していく。

一　憲法・教育基本法における障害児の学習権保障の原理

（一）学習権の平等保障

憲法二六条一項は「すべて国民は、……その能力に応じて、ひとしく教育を受ける権利を有する。」と規定し、これを受けて教育基本法（昭和二二年三月三一日法律第二五号。本章において以下、「教基法」という。）三条一項は、「すべて国民は、ひとしく、その能力に応ずる教育を受ける機会を与えられなければならないものであって、……教育上差別されない。」として教育の機会均等原則を宣明している。その際、右の「能力に応じて、ひとしく教育を受ける権利」という文言については、かねてより伝統的な固定的「能力」観を背景として、「教育のあらゆる場合において被教育者の能力以外の事由によって差別的取り扱いをしないこと[3]」とする理解が存してきたとみられ、この見地からは、とりわけ障害児の場合、先天的な能力水準や障害度に対応する程度の教育が保障さいればよいとされることになる。しかし、はたしてそれが障害児の人間的な成長・発達を真に人権（学習権）として保障する所以であるかどうかは問題であろう。

「教育をうける権利」を国際的に確認した一九四八年の国連・世界人権宣言二六条についてのジャン・ピアジェ（Jean Piaget）の解説によれば、「教育をうけるという人権を肯定することは、……本当の意味ですべての子どもに彼らの精神的機能の全面的発達と、それらの機能を現在の社会生活に適応するまで行使することに対応する知識ならびに道徳的価値の獲得とを保証してやることである[4]」。また、一九五九年の国連・児童権利宣言は、「児童は、……その能力、判断力ならびに道徳的および社会的責任感を発達させ、社会の有用な一員となりうるような教育を与えられなければならない。」（七条一項後段）、「身体的、精神的または社会的に障害のある児童は、その特殊な事情により必要とされる特別の治療、教育および保護を与えられなければならない。」（五条）と規定しており、さらに一九七五年の国連・障害者権利宣言[5]においても、「障害は、その能力や技術を最大限に発達させ、かれらの社会への統合または再統合をおこなう過程を促進するような諸権利、つまり……教育……を受ける権利を有する。」（六条）と明記されるに至った。今日の世界的趨勢とみられるこのような発達的「能力」観をふまえるならば、むしろ障害児こそ、教育によって自らの能力を発達させていくことを最も必要としているはずなのである。したがって、健常児であると障害児であるとを問わず、わが国現行教育法制は、すべての子どもについて平等に、それぞれの能力発達のしかた・必要に応じて人間的に成長していけるような学習権を原理的に保障している、と解するのが自然であろう[6]。

（二）条件整備的教育行政と「義務教育」

教基法一〇条二項に「教育行政は、……教育の目的を遂行するに必要な諸条件の整備確立を目標として行われなければならない。」と書かれているとおり、現代公教育は、国家が国民の学習権の平等保障のために原理的に条件整備義務を負う教育であるとみられる。国家は、こうした教育条件整備義務の履行の一手段として、「すべて国民は、……その保護する子女に普通教育を受けさせる義務を負ふ。」（憲法二六条二項前段）、「国民は、その保護する子女に、九年の普通教育を受けさせる義務を負う。」（教基法四条一項）と規定して保護者（親）に子どもを就学させる義務を一般的に課すとともに、「義務教育」の無償原則（憲法二六条二項後段）と市町村・都道府県の学校設置義務（学校教育法二九、四〇、七四条）を定めている。そこで、現行法制上の「義務教育」は、現代公教育の中で国家の条件整備義務が最も強い学校教育分野についての子どもの学習権保障のための条件整備的制度として性格づけられよう。[7] その意味で、「義務教育」とは学習主体である子どもの側からは〝権利教育〟[8] にほかならず、右にいう親の就学（させる）義務にも、教育行政に対する就学条件整備の要求権という側面が原理的に含まれていると解される。結局、「義務教育」制度の実質は、学校設置義務制や無償就学保障をはじめとする教育行政の就学条件整備義務にあるというべきであろう。[9] 以上のことは、障害児の就学保障についても全く同様に妥当する。

二　養護学校「義務」制施行の法論理的意義

（一）「就学義務」制の教育法的位置づけ

1　現行教育法における学校制度的「就学義務」

子どもの学習権保障のための国家的条件整備の一環として、教基法により親が負うべきものとされた「九年の普通教育を受けさせる義務」は、学校教育法（以下、「学校法」という。）において次のとおり具体化されている。「保護者……は、子女の満六歳に達した日の翌日以後における最初の学年の初から、満十二歳に達した日の属する学年の終りまで、これを小学校又は盲学校、聾学校若しくは養護学校の小学部に就学させる義務を負う。」（二二条一項前段）、「保護者は、子女が小学校又は盲学校、聾学校若しくは養護学校の小学部の課程を修了した日の翌日以後における最初の学年の初から、満十五歳に達した日の属する学年の終りまで、これを、中学校又は盲学校、聾学校若しくは養護学校の中学部に就学させる義務を負う。」（三九条一項）。したがって、子どもが六歳から一五歳までの間、親はその子ども（以下、「学齢児童・生徒」ということがある。）を小・中学校または盲・聾・

養護学校（同法改正により二〇〇七年度から「特別支援学校」という名称に統合された。）に就学させなければならず、親の恣意によって右の義務を怠った場合には刑罰に処せられることになる（同法九一条）。

以上のように現行の教育法制において学校制度として法定された親の「就学義務」制は、小・中学校、盲学校、聾学校、養護学校を問わず、また国・公・私立のいかんを問わず、「公の性質をもつ」（教基法六条）法定の正規学校として学校法一条に挙げられた右の「学校」のいずれかにおいて「就学義務」が履行されることを一般的に予定したものとみられる。つまり、学習権保障の国家的条件整備作用であるという事の性質上、特定の学校種別の指定（特定種別の学校への就学の義務づけ）を含まない一般的制度であると解される。[10]この点については、かつて、学校法七五条（一九六一年改正前の旧規定）が小・中学校への障害児学級設置を規定しつつその就学対象に「盲者」・「聾者」を含めて書いていたときに、文部当局筋によっても、「盲者、聾者またはその他の身心障害者の保護者は、その子女を小学校、中学校に入学させてもまた盲学校、聾学校、養護学校に入学させても、いずれでもさしつかえない[11]」という解釈がとられていたことが留意されてよいであろう（すでに一九四八年以降、逐年進行で盲・聾学校「義務」制が施行されており、右の解釈はこれを前提としたものである[12]）。

一方、学齢児童・生徒の就学保障のため、市町村に対しては小・中学校の設置義務、都道府県に対しては盲・聾・養護学校の設置義務が課せられている。このような設置義務の二区分は対象児童・生徒数の相違と設置・維持にともなう財政的負担の観点によるものといわれるが、そのことは、たんに盲・聾・養護学校の場合は広域学区をもつ大規模学校の設置でよいということを意味するものでなく、むしろ教育条件の実質的平等を図る趣旨とみなされよう[13]。学校設置義務の法定は、結局、学校制度的「就学義務」の一般的予定に見合う国家的条件整備にほかならないと考えられる。

2　就学校指定と個別的・具体的「就学義務」

特定の市町村立小・中学校または特定の都道府県立盲・聾・養護学校への親の「就学義務」は、学校法施行令に基づき、市町村教育委員会または都道府県教育委員会の行う就学校指定によってそれぞれ具体的に発生する（同施行令五、一四条）。つまり、個々の親に対する就学校指定という個別的行政処分によらなければ、現行法制上、特定の公立学校への具体的「就学義務」は発生しえないことになる。

ところで、国連・世界人権宣言二六条三項は「親は、その子に与えられる教育の種類を選択する優先的権利を有する。」と規定し、児童権利宣言七条二項も「児童の教育および指導について責任を有する者は、児童の最善の利益をその指導の原則としなければならない。その責任は、まず第一に児童の両親にある。」と明記している。子どもの学習権に代位するこうした親の教育選択の自由は、たんに家庭教育や私立学校選択の自由にとどまらず、一人ひとりの子どもの学習権の実質的保障に結びつくかぎりで公立学校教育にも原理的に存在するというべきであろう。[14] たしかに、公立学校の場合、「地域のすべての子どもの学習権を一せいに均等な条件で保障しようとする学校制度[15]」であることにともない、学校選択の自由には大きな制約があるが、特定種別の特定の学校への具体的「就学義務」を課す就学校指定に対しては、子どもの身体的条件や地域の教育条件などの個別事情を理由として適切な就学校指定を求める親の学校選択主張権が認められる余地があるはずではなかろうか。

（二）養護学校「就学義務」論の問題性

1　養護学校「義務」制施行延期の経緯と意義

一九四七（昭和二二）年に成立した学校法は、前述のとおり学校制度的「就学義務」とこれに対応する学校設置義務を法定すると同時に、特に「盲学校、聾学校及び養護学校における就学義務並びに……これらの学校の設置義務に関する部分」の施行期日を政令の定めに委任する旨規定した（同法附則九三条一項ただし書）。そのうち、盲・聾学校「義務」制については翌四八年に施行され逐年進行で五七年には完全に制度化されたが、養護学校「義務」制施行は大幅に遅れ、七三年の「学校教育法中養護学校における就学義務及び養護学校の設置義務に関する部分の施行期日を定める政令」（昭四八・一一・二〇政令三三九号）に基づき、七九年からようやく全面施行されるに至ったわけである。

そこで、たしかに学校法成立当初にあっては、学校制度的「就学義務」と学校設置義務の履行対象となる就学校としては小・中学校のみが予定されたといえる。しかし、学校制度上における右のような予定はあくまでも条件整備的作用としての一般的しくみにとどまるものであり、また、盲・聾・養護学校という障害児学校の「義務」制施行が延期された主たる原因が、行政の側における専門的教職員や施設・設備等の人的・物的条件整備の不十分さにあったことも疑いのない事実である。[16] したがって、元来個別措置としては、障害児の親が学校法一条に定める「学校」にほかならないこれらの障害児学校に学齢児童・生徒を就学させた場合、これをもって直ちに「就学義務」の実質的履行とみなす余地があったはずではなかろうか。この点、現実の行政運用においては、現に就学しているにもかかわらず「これらの就学は就学義務の履行とはみなされず、小学校または中学校への就学義務の猶予または免除を受けて就学[17]」すべきこととされ、教育委員会（以下、「教委」という。）当局の誘導によって親の側が不本意な「就学義務」猶予・免除の「願い出」（学校法施行規則四二条）を事実上強いられる、という不合理な結果になっていたとみられる。

その後、盲・聾・養護学校就学奨励法（一九五四年）や公立養護学校整備特別措置法（一九五六年）などによる障害児学校の教育条件整備の進展を背景として、一九五七年、学校法一部改正により、「……養護学校における就学義務に関する部分の規定が施行されるまでの間は、……子女を小学校又は中学校に就学させる義務を負う保護者がその子女を養護学校の小学部又は中学部に就学させているときは、その保護者は、……義務を履行しているものとみなす。」（一〇二条の二）という規定が新設された。これについて文部事務次官通達（昭三二・五・二一文初財二九四号）は、「改正法の施行後は、養護学校の小・中学部への入学……について、就学義務の猶予または免除の手続を経る必要はない[18]」として、右の〝みなし〟規定が創設的規定である旨唱えていたが、前述の見地からたんなる確認規定にすぎないものと解されよう。

2　「養護学校における就学義務」と養護学校設置義務

一九七九年よりの養護学校「義務」制施行にあたって、文部当局筋からは、「昭和五四年四月一日からは、精神薄弱、肢体不自由又は病弱の程度が学校教育法施行令……第二二条の二に定める程度の子女の保護者は、……これを養護学校の小学部及び中学部に就学させる義務を負うものである」（文部事務次官通達昭四八・一一・二〇文初特四六四号[19]）という見解が示され、養護学校が義務的設置となった以上その対象として定められた程度の障害児の親はすべて養護学校への就学義務を負う、と主張されている[20]。しかし、養護学校の「義務」制施行がどのような法的意義を有するかという問題は、以上検討してきた現行教育法における「就学義務」制の法論理的構造をふまえてはじめて、障害児の学習権保障に連なる正しい評価になりうるであろう。そこで、教育法的にみた「養護学校における就学義務」の施行は、結局、学校制度的「就学義務」の履行対象として一般的に予定さるべき就学校が養護学校にまで拡大され、文字どおり、養護学校において「就学義務」を履行するという就学形態が障害児の就学権保障の一環として学校制度上に公認された、ということを意味するのにほかならないと解される。そうであるとすれば、今回施行された養護学校「義務」制の実質的意義は、むしろ右のような学校制度的予定に対応する国家的条件整備として、都道府県に対して養護学校設置義務を課した点にあるといわなければなるまい[21]。これにより、障害児の就学保障の場は、小・中学校の普通学級・障害児学級から盲学校、聾学校、養護学校に至るまで拡充されたわけであり、そのかぎりではすべての障害児について適正就学保障のための制度的条件が一応できたものとみられる[22]。

なお、学校法七一条の二の政令委任規定に基づき、同法施行令二二条の二が盲・聾・養護学校の就学対象となる障害児の「心身の故障の程度」を表で示していることから、先の「養護学校への就学義務」論はもっぱらこれを根拠として挙げている。しかし、この規定も、同法七四条に多分に関連する障害児学校設置のための目安としての学校制度的基準にとどまるものと解され[23]、一律・画一的に養護学校への就学義務を課すしくみは現行法制上存在しないといえる。

三　障害児の就学権保障をめぐる制度的問題点

（一）「就学義務」の猶予・免除

1　「就学義務」猶予・免除制度の法的しくみ

学校法は、学校制度的「就学義務」を法定する一方で、この「就学義務」を一定の事由により猶予・免除するしくみを置いている。すなわち、「……保護者が就学させなければならない子女……で、病弱、発育不完全その他やむを得ない事由のため、就学困難と認められる者の保護者に対しては、市町村の教育委員会は、監督庁の定める規程により、……義務を猶予又は免除することができる。」（同法二三条、三九条三項）。右の規定から明らかなように、ここで猶予・免除されるのはあくまでも親に課せられた「就学義務」であって、子ども自身の就学そのものではない。親の「就学義務」制は元来子どもの就学権保障のための国家的条件整備手段の一つにすぎないとみられるから、たとえ親の「就学義務」が猶予・免除されたとしても当然に子どもの就学が保障されなくてもよいということにはならず、法論理的には、子どもの就学権は留保されているというべきであろう。したがって、これに対応する国の原理的な就学保障義務も解除されてはいないはずである。

ところが障害児の場合、「病弱、発育不全……のため就学困難」であるとみなされて、教育行政当局の誘導により右の「就学義務」猶予・免除の措置を通じて従来より年々数多くの不就学児が生み出されるという実態が存し、これらの障害児は学校教育の場から実質的に排除される結果となっている。[24] これは、現実の行政運用において「就学義務」の猶予・免除が直ちに国の就学保障義務の解除と結びつけて理解されてきていることの必然的帰結にほかならず、現行法制上のしくみのうえから相当に問題視せざるをえない。[25]

なお、「就学義務」猶予・免除の手続としては、学校法施行規則四二条前段が「学齢児童で、学校教育法第二十三条に掲げる事由があるときは、その保護者は、就学義務の猶予又は免除を市町村の教育委員会に願い出なければならない。」と定めている。この規定は、文字どおりには一定の就学困難事由を具備した親に「就学義務」猶予・免除の「願い出」義務を課しているとも読めるが、既述のように親の「就学義務」には子どもの就学権に代位する就学条件整備要求権が原理的に含まれているとみられるから、自己の意に反する「願い出」義務はないものと条理解釈できる。[26] したがって、もとより教委当局には一方的な猶予・免除権限は存せず、「保護者の願出がないかぎり、就学義務の猶予・免除は行うことができない」[27]という意味で、むしろ親の申請を「就学義務」猶予・免除の手続的要件とした規定と読むべきであろう。

２　「就学義務」猶予・免除の学校制度的意義

ところでこの制度は、罰則づきの「就学義務」を親の申請によって猶予・免除できる場合として子どもの「病弱、発育不完全その他やむを得ない事由」を挙げており、「その他やむを得ない事由」については、失踪、教護院（旧児童福祉法四四・四八条）・少年院（少年院法三・二六・二七条）への入院、外国から帰国した子どもへの日本語教育の必要などがこれに当たるものといわれている[28]。たしかに、猶予・免除規定がなければこれらの場合にも親は子どもを必ず就学させなければならず、そうでないと処罰されるとすれば不合理であろう[29]。しかし、右に挙げられた事由は、いずれも事実上就学困難または物理的に就学不能とみられる事態をもっぱら想定したものである。このような場合には元来「就学義務」を課すことに意味がなく、結果的に事実上不能な義務履行を親に強いることになるので、親の恣意に対する子どもの権利保護を本旨とする就学義務違反罪（学校法九一条）はもとより成立しえないと考えられる[26]。そうであるとすれば、現行の「就学義務」猶予・免除という制度的しくみには学校制度上に一般的に予定すべきほどの積極的意義は認めがたい、と評価せざるをえないのではなかろうか[30]。

また、障害児については、障害児教育の実践・研究において明らかにされてきているように[31]、人的・物的教育条件しだいで重度の障害をもつ子どもに対しても能力発達を促していく教育的はたらきかけが可能とみられるから、障害の程度だけで就学困難性を判定するのでは一面的とのそしりを免れまい。むしろ、障害児の就学権保障にふさわしい教育条件が未整備なため就学困難であるという場合には、親は「就学義務」を担保として教育行政当局に対して条件整備の要求権を行使しうるはずである[32]。結局、「就学義務」の猶予・免除は、実際上の効果としても学籍を置いたうえで休学措置をとるのとさほど変わらず、それ以上の積極的な意味は見出しがたいように思われる[33]。

（二）学齢超過児の就学権保障

現行法制における学校制度的「就学義務」は、「子女の満六歳に達した日の翌日以後における最初の学年の初から」（学校法二二条一項）「満十五歳に達した日の属する学年の終りまで」（同三九条一項）と法定して、「就学義務」の始期と終期につき年齢主義を採用している。そこで、従来より教育条件の未整備のため不就学を余儀なくされてきた障害児が、一九七九年の養護学校「義務」制施行後の時点ですでに学齢超過児（過年児）である場合、親の「就学義務」も同時に消滅してしまっているとみられるが、一方、「就学義務」が存在しないことを理由として直ちに学齢を超過した障害児の義務教育学校への就学が拒否されてよい、といえるかどうかは問題であろう[34]。また、「就学義務」猶予・免除制度との関連では、年齢主義により「就学義務」の終期が一五歳に固定されているため、一定期間の「就学義務」猶予措置をうけた後に子どもを就学させた場合でも「就学義務」の終期は延長されないから[35]、結局、実質的にはその期間「就学義務」を免除されたのと同一に帰してしまう[36]。このように、「就学義務」の年齢主義と学齢超過児への就学保障との関係は、とりわけ障害児の就学権保障という見地から重大な問題を提起していると考えられる。

ところで、教基法四条一項は「九年の普通教育を受けさせる義務」を親に一般的に課すことにより、少なくとも九年間の普通教育をうける権利を子どもに原理的に保障していると解される。この点で、親の「就学義務」の年齢主義的定めはあくまで右の権利保障のための条件整備の一部をなすのにとどまり、決して行政的義務の限界を示すものではあるまい。国には実質「九年の普通教育」に相当する就学保障への法原理的義務が厳存するというべきではなかろうか[37]。したがって現行法制上は、年齢主義的「就学義務」制のもとでも、右のような学齢超過児に対しては、「九年の普通教育」に相当する所定の教育課程を修了するまで就学が保障されるような配慮（課程修了保障主義）が要請されるであろう。[38]

（三）就学校指定手続と親の学校選択主張権

特定の公立義務教育学校への個別的・具体的「就学義務」を発生させる就学校指定は、障害児の場合、概ね次のような手続によって行われる。第一に、市町村教委は、翌年四月一日より小学校、中学校、盲・聾・養護学校の小学部または中学部のいずれかへの就学が予定されている者（就学予定者）について、その前年一〇月一日現在の住民基本台帳に基づき一〇月三一日までに学齢簿を作成しなければならない（学校法施行令一・二条、同施行規則三〇・三一条）。第二に、右の就学予定者に対して、当該市町村教委は就学時健康診断を実施する（学校保健法四・五条、同施行令一条）。第三に、この就学時健診などの結果により「心身の故障の程度」が学校法施行令二二条の二の表に該当する障害児と判定された場合には、当該市町村教委は、一二月三一日までにこれを都道府県教委に通知しなければならない（同施行令五・一一条）。そこで第四に、当該都道府県教委は、右の通知を受けた障害児について、その親に対し一月三一日までに当該都道府県の設置する盲・聾・養護学校への就学校指定を行わなければならない（同施行令一四条）。

以上から一見して明らかなように、市町村教委において施行令二二条の二の表に記載された程度の障害をもつといったん判定された障害児は文字どおりにはすべて、いずれにせよ障害児学校に就学指定されるしくみになっている。しかし、既述のとおり右の表は障害児学校設置のための一般的目安にすぎないはずであるから、もっぱら障害程度のみを就学学校種別の判別基準として一面的・画一的に用いることになるとすると、実質的には〝選別〟とのそしりを免れまい。元来、障害児の学習権保障のためには個々の障害児の就学条件にそくした就学形態がきめ細かく教育専門的に見定められる必要があるとみられ、市町村段階での就学学校種別の選定にあたっては、子ども自身の身体的条件だけでなく、親を含む周囲の教育環境や地域の教育条件整備の状況などが広く個別事情として考慮されてしかるべきであろう。[39]

一方、障害児の親が他の都道府県立障害児学校に就学させようとする場合には、届出により、当該都道府県教委の承諾を得て区域外就学を行うことができ（学校法施行令一七条）、また、都道府県教委の就学校指定が不適切であると考える親は、就学校指定変更の申立てにより、相当の理由があると認められる場合にはその都道府県の設置する他の障害児学校へ就学させることができる（同一六条）。これらは、たしかに親の教育選択の自由の公立学校制度上の現れとして学校選択主張権の手続的保障の一部をなすものと目しうるが、変更さるべき就学先としてはあくまでも障害児学校のみが予定されており、普通学校への指定変更申立権は明記されていない。したがって、このかぎりでは地域の普通学校での教育を希望する親の適正就学保障への要求は不当に制限されることになりかねない。現行教育法制上、親の学校制度的「就学義務」は特定種別の学校への就学指定を含まないはずであり、適切な就学校指定を求める親の学校選択主張権が手続的に十全に保障され、その要求が教育専門性豊かに受けとめられてはじめて、子ども一人ひとりの個別事情にそくした真の就学権保障になると考えられる。[40]

そこで、右の就学校指定変更申立ては親が他の障害児学校への就学を希望する場合の特別手続にほかならず、それとは別に、都道府県教委の障害児学校就学指定の違法・不当を主張して争う場合には行政不服審査法上の審査請求をなしえ（同法二条）[41]、同指定の違法を主張する場合には行政事件訴訟法上の取消訴訟を提起しうること（同法三条二項、八条一項）に留意すべきである。

（1）文部事務次官通達昭四八・一一・二〇「学校教育法中養護学校における就学義務及び養護学校の設置義務に関する部分の施行期日を定める政令の制定について」（文初特四六四号）。
（2）例えば、毎日新聞一九七九年一月二五日号、朝日新聞一九七九年五月二〇日号、朝日ジャーナル一九八〇年七月二五日号四六～四七頁など参照。
（3）文部省教育法令研究会『教育基本法の解説』（国立書院、一九四七年）七六頁。
（4）竹内良知訳『ワロン・ピアジェ教育論』（世界教育学選集、明治図書、一九六一年）一五七頁。
（5）参照、八木英二『国際障害者年』（青木書店、一九八〇年）。なお、本文の条文訳はこれによった。
（6）参照、兼子仁『教育法〔新版〕』（有斐閣、一九七八年）二三一～二三二頁。
（7）兼子・同右二三五頁。
（8）山本実編『不就学児「人間権」宣言』（70年代日本教育の焦点1、明治図書、一九七二年）二二頁（山本実執筆）。
（9）参照、牧柾名「教基法第四条」有倉遼吉編『基本法コンメンタール・新版教育法』（日本評論社、一九七七年）五五～五六頁。
（10）ほぼ同旨の指摘として、津田道夫・斎藤光正編著『養護学校義務化と学校選択』（三一書房、一九七八年）一九～二〇頁（斎藤光正執筆）参照。
（11）有倉遼吉・天城勲『教育関係法Ⅰ』（日本評論社、一九五八年）二四二頁（天城勲執筆、以下同じ。）
（12）参照、加藤康昭・高橋智・内海淳・山本邦子「学校教育法における障害児教育規定の成立とその意義」季刊教育法三六号（一九八〇年夏季号）一六九頁。なお、一九六一年の同法改正は、「盲者」・「聾者」の語を削除するものであり、この趣旨につき、「盲者又は聾者を小学校又は中学校で教育できるという建前をかえ、盲学校又は聾学校において教育すべきであるという原則を確立しようとしたもの」（鈴木勲編著『逐条学校教育法』（学陽書房、一九八〇年）五四九頁）と説明されている点は、大いに問題を含んでいる。
(13) 同旨、平原春好「教育を受ける権利とその制度的保障」日本教育法学会年報九号（有斐閣、一九八〇年）四〇頁。
(14) 参照、兼子・前掲書注（6）二〇八〜二一〇頁、神田修「学校を選ぶ権利と学区制」教育一九七三年一一月号二一〜二五頁。
(15) 兼子・同右二〇八頁。
(16) 例えば、有倉＝天城・前掲書注（11）二七九頁参照。
(17) 有倉＝天城・同右二九五頁。
(18) 鈴木編著・前掲書注（12）六九七頁所載。
(19) 鈴木編著・同右六七四〜六七五頁所載。
(20) 参照、鈴木編著・同右一七一・五二五頁、西谷三四郎監修『障害児全員就学』（日本文化科学社、一九七七年）一〇九頁、荘司修久・柴嶺舁『心身障害者の法律相談室』（日本文化科学社、一九七六年）三四〜四一頁。
(21) 同旨、兼子・前掲書注（6）二六二頁。
(22) 参照、河添邦俊・清水寛・藤本文朗『障害児と学校』（新日本新書、一九七九年）一五〜一六頁（藤本文朗執筆、以下同じ）。
(23) 兼子・前掲書注（6）二六一〜二六二頁。なお、津田道夫・木田一弘・山田英造・斎藤光正『障害者の解放運動』（三一書房、一九七七年）二一九・二二三頁（斎藤光正執筆）参照。
(24) 例えば、学校運営研究別冊二七号（一九八〇年秋号）一五七〜一五八頁所載の表参照。
(25) 河添邦俊「『就学猶予・免除』に関する考察」東北福祉大学論叢一三巻（一九七四年）、清水寛「障害者の『生存と教育』の権利」日本教育法学会年報一号（有斐閣、一九七二年）一四八〜一五〇頁。
(26) 兼子・前掲書注（6）二六〇頁、同『入門教育法』（総合労働研究所、一九七六年）一九七頁。

（27）鈴木編著・前掲書注（12）二二六頁。なお、文部当局者の手になる同書においても「願い出」義務には全く言及されていない。
（28）鈴木編著・同右二二四〜二二五頁。
（29）同旨、平原春好『学校教育法』（総合労働研究所、一九七八年）一七九頁。
（30）ただし、義務制学校教育に関する思想的理由等に基づく就学拒否の余地が一般的に予定しえないか、という問題は残されている。
（31）参照、伊藤隆二『障害児教育の思想』（ミネルヴァ書房、一九七三年）八七〜八八頁。
（32）兼子・前掲書注（6）三六七頁、河添邦俊『障害児教育と教育課程』（ミネルヴァ書房、一九七四年）一〇〇〜一〇二頁。
（33）同旨、兼子・同右二六〇〜二六一頁、山本編・前掲書注（8）一〇九〜一一一頁。
（34）河添ほか・前掲書注（22）二五〜二七頁。
（35）参照、文部省初等中等教育局長回答昭二八・五・一五（文部省地方課法令研究会編『解説教育関係行政実例集［改訂新版］』（学陽書房、一九七六年）一六二頁所載）。
（36）この点で、「就学義務」の猶予と免除との区別は法的にはさして意味をもたない。
（37）同旨、平原・前掲書注（29）一七一頁。
（38）兼子・前掲書注（6）二四八頁。なお、二〇〇六年に全部改正された教基法には「九年の普通教育」という文言はないが、学校法一六条に明記されている。
（39）兼子・前掲書注（26）二〇一頁、河添ほか・前掲書注（22）三四〜三五頁、津田道夫・斎藤光正・木田一弘『権利としての障害者教育』（社会評論社、一九七六年）三三一頁（津田道夫執筆）。
（40）参照、茂木俊彦「障害児の適正就学指導」季刊教育法二六号四五〜四六頁。なお、いわゆる「学校選択権」論は、それが親の最終決定権を意味するものであるとすると、障害児の発達保障に関わる教育専門的判断をどのように確保しうるかという疑問が生じうる。同旨、大久保哲夫「障害児教育にみる『保護者の学校選択権』の検討」奈良教育大学教育研究所紀要一五号（一九七九年）五二頁。

(41) 参照、鈴木編著・前掲書注（12）一八〇頁。

追記

本章の文中に記載している教基法三条一項、四条および一〇条は現行法ではそれぞれ四条一項、五条および一六条に、学校法二二条および三九条は現行法では一七条に、同法二三条、二九条、四〇条、七一条の二、七四条および九一条は現行法ではそれぞれ一八条、三八条、四九条、七五条、八〇条および一四四条に、同法施行令二二条の二は現行施行令では二二条の三に、同法施行規則四二条は現行施行規則では三四条に、学校保健法四条および五条は学校保健安全法一一条および一二条にそれぞれ相当する。

第二章　義務教育制度の教育法原理的検討

はじめに

近年、不登校の子どもの学ぶ権利保障や、フリー・スクール、ホーム・エデュケーションの公認を求める運動において、いわゆる一条校（学校法一条に規定された正規の学校体系に属する学校）以外の場で「多様な学び」を保障する法律の制定をめざす動きが生じている。こうした問題提起などを契機に国会内でも超党派の議員提出法案の取りまとめが進み、二〇一五（平成二七）年九月に公表された「多様な教育機会確保法案」を経て、二〇一六年五月に、「義務教育の段階における普通教育に相当する教育の機会の確保等に関する法律案」が議員立法として第一九〇国会に上程されたが、同法案は当初案から大幅に内容が変わり、同国会で審議未了となった後、同年一二月の臨時国会で可決・成立した。

他方、二〇一五年五月に開催された日本教育法学会第四五回定期総会では、こうした動きを背景に、「多様な学び」保障の法制化をサポートする立場から、現行の義務教育制度や学校教育の現状等に対して辛辣かつ根本的な問題指摘をする報告が行われた(42)。本章は、同報告の内容から大いなる刺激を受け、わが国の現行義務教育制度につき、就学義務の法的性質を中心に教育法原理論のレベルに立ち返って検討しようとするものである。義務教育の制度内容には、もとより義務教育の年限や義務教育期間の年齢主義（課程修了保障主義を含む）をめぐる問題も含まれるが、これらは原理論的な考察では一義的な結論を導き難い制度論のテーマであり、また、義務教育の無償制とその範囲については、原理論的に重要ではあるが[43]、本章の趣旨からやや外れるとみられるため、いずれも検討の対象から除外することとしたい。

一　義務教育制度の歴史的背景

（一）義務教育制度の成立—私教育法制から義務教育制度へ

1　一九世紀前半までの欧米における私教育法制

欧米諸国において義務教育制度が成立するのは概ね一九世紀後半以降であるとみられ、それ以前の一九世紀前半までの欧米における学校は、教会が設立した学校などの宗教的私立学校が中心であった。アメリカやフランスでは、一八二〇年代から一八三〇年代に公立小・中学校の設置が進められ、それにともなう私立・公立学校への国庫補助の条件づけとして、私学教育の自由を前提としつつ、一定の学校監督と結びついた学校制度が法定されるようになった[44]。

2　一九世紀後半以降における「義務教育」制度の成立

一九世紀後半以降、一定年齢のすべての子どもの就学を義務づける義務教育が欧米諸国で次第に法制化され、「義務教育」制度が成立した歴史・社会的要因として次の点が挙げられる。第一に教育を教会勢力の支配から世俗化し、政教分離（宗教的中立性）を図ること、第二に産業資本主義の発展にともない、労働者の基礎学力を養成する必要が生じたこと（社会不安対策という側面もあった）、第三に年少児童を労働から解放し、親の恣意を抑制すること、第四に当時の各国におけるナショナリズムの高揚にともない、愛国心を育てる教育を行う必要があったことなどである。もっとも、後進的な立憲君主制のもと絶対主義的な国家教育の体制下にあったプロイセン・ドイツでは、国家秩序の維持ないし国力増進を目的としたより強い政治的性格をもつとともに、政教分離が徹底されず宗教教育も重んじられるという特異な要因が指摘される[45]。

ただし義務教育制度といってもその内容は一様ではなく、次のような四つの類型があるとされる[46]。①「家庭義務教育」・「就学義務」同列並存型は、子どもの義務教育を家庭を主とした私教育の場（以下、家庭その他の場で義務教育を行う場合を広く「家庭義務教育」という。）で行うか、学校で行うかを親に権利として保障する教育体制で、イギリス、フランス、イタリア、北欧、スイス、アイルランドなどがその例である。プロイセン・ドイツでは、国家が学校教育を独占し、私学は特許事業とされたが、就学に代わる家庭義務教育も法認されていた[47]。②国公立学校「就学義務」型は、国家が学校教育を独占し、私立の義務教育学校が原則的に否認される教育体制で、旧社会主義国やアフリカの一部にこうした制度が敷かれていた[48]。③国公立学校・私立学校就学義務型は、私学設置の自由と私学選択の自由が保障され、他方、家庭義務教育は原則として否認される教育体制で、現在のドイツ、日本、韓国などのほか、旧社会主義国においても今日では私学が容認されるようになっている。④例外的「家庭義務教育」容認型は、就学義務制を制度原理としつつ、特定の場合に学校教育に代えて、家庭教育（ホーム・スクーリング）による教育義務履行を認める制度で、アメリカ諸州がその典型例とされるが、アメリカの各州では、近年その例外の要件が緩和される傾向にあるといわれる[49]。かくして、義務教育制度は、前述のような概ね共通の成立要因から発し、各国の固有の政治・社会的事情に応じて一定の多様性をもちながら歴史的に発展してきたといえよう。

（二）義務教育の制度化の法原理的意義

義務教育の制度化は、それが親への就学義務づけをともなうかぎりにおいて、親が子を学校以外の場で教育する自由を原則として失うことを意味する。これは、国の立法政策によって親の教育の自由が制限されたという側面がないではないが、多くの国で採用された義務教育制度は、私立学校設置の自由や親の私立学校選択の自由を相当程度にふまえているということができよう。

他方で、現代的な公教育の発展という観点からは、親の教育の自由に内在していた子どもの学習権への対応として、国家による子どもの学習権の積極的保障を制度化した点に重要な意義が見出される。すなわち、現代公教育法においては、義務教育法制を支える法原理として、①「教育の機会均等」が保障されるべき公教育の義務性と無償性、②教育の（宗教的・政治的）中立性、③国家の教育条件整備義務性が押さえられている必要がある。(50)

二　義務教育に関する制度の原理的転換

（一）明治憲法下の義務教育制度―国策遂行目的としての義務教育

わが国の義務教育制度については、一八八六（明治一九）年の小学校令による就学義務制の創設から始まったとされるが、明治憲法下の義務教育制度は、プロイセン・ドイツの影響を受けて、国家権力による学校教育の独占（学校教育権力の国家的独占）の観念を前提に、天皇制国家に忠誠を尽くし、富国強兵策のもと国家に役立つ人材を育成するという国策遂行を主目的として形成された。その就学義務制は、直接子どもに対してではなく、親にその子どもを就学させる義務を課すものであり、子どもは親の民法上の監護教育権に基づいて就学せしめられるという構造になっていた。教育の自由や子どもの権利主体性が否認された明治憲法下では、国家に対する親義務としての就学義務が義務教育における「義務」の実体であったということができよう。

（二）日本国憲法下の義務教育制度―学習権保障制度としての義務教育

1　学校制度法定主義と国の教育条件整備義務

日本国憲法（以下、「憲法」という。）二六条一項は、「すべて国民は、法律の定めるところにより、その能力に応じて、ひとしく教育を受ける権利を有する。」とし、教育基本法（以下、「教基法」という。）四条一項が規定する教育の機会均等原則と相まって、子どもの学習権主体性とその平等な保障を定めている。

他方、憲法二六条二項前段で、「すべて国民は、法律の定めるところにより、その保護する子女に普通教育を受けさせる義務を負ふ。」（教基法五条一項も同旨）として、親にその子どもの教育義務を課すとともに、同項後段で定められた「義務教育」無償原則のもと、教基法五条四項で国公立学校における「義務教育」の授業料不徴収が規定されている。また、憲法二六条一項にいう「法律の定めるところ」として、学校法に基づいて正規の学校体系、学校種別等をはじめとする学校制度が法定され（学校制度法定主義）、市町村に小学校・中学校の設置義務、都道府県に特別支援学校の設置義務が課されている（学校法三八・四九・八〇条）。

これらは、子どもの学習権を国家的に保障する条件整備的な法制度であるとみられる。つまり、明治憲法下の義務教育制度が国策遂行を主目的に国家の教育権力が国民に就学への義務を課すものであったのに対し、現代公教育法の法原理をふまえた現行憲法下の義務教育制度は、子どもの学習権を平等保障するために国家が相応の教育条件整備義務を果たすべき制度に原則的に転換したということができる。

2　学校制度的就学義務と親の教育の自由

学校法一六条は、保護者は「子に九年の普通教育を受けさせる義務」を負うと定め、これを受けて同法一七条は、学齢に達した児童については小学校、義務教育学校前期課程または特別支援学校小学部へ、学齢に達した生徒については中学校、義務教育学校後期課程、中等教育学校前期課程または特別支援学校中学部へ、それぞれ就学させる義務をその保護者に課している。この学校法上の親の就学義務制は、前述したとおり、子どもの学習権を保障する国家的条件整備という観点から、学校制度を法定する一環として設けられたものであり、複数列挙されているいずれかの学校に就学すればよいものとして、特定の学校種別の指定（特定種別の学校への就学義務づけ）を含まず、また国公立私立のいずれをも問わない一般的制度であると解される[51]。

現行憲法下におけるこうした学校制度的就学義務と親の教育の自由、とりわけ親の学校選択の自由との関係から考えると、まず私立学校の選択の自由は当然に前提とされているといえる（国立学校の選択も任意）。これに対して、公立学校に関しては、当該市町村に複数の公立学校があったとしても、通常は居住地域ごとの小学区制が採られ、後述のとおり、保護者に対し特定の公立学校が就学先として指定される就学校指定制度があるため、そのかぎりで親の学校選択の自由は制限されることになろう。

その一方で、市町村には、「その区域内にある学齢児童を就学させるに必要な小学校」の設置義務（学校法三八条。同四九条で中学校に準用、同八〇条で都道府県立特別支援学校につき同旨）が課され、市町村（または都道府県）は、私立・国立学校へ就学しない子どもを地域の公立学校で必ず受け入れなければならない。公立学校は、いわば親の学校選択の自由に対する制約と引き換えに、「地域のすべての子どもの学習権を一せいに均等な条件で保障しようとする学校制度[52]」であるということができる。

もっとも、公立学校の場合も、後述のとおり個別事情を理由とした学校選択が一定範囲で認められるほか、親の教育の自由の発現として、就学校における教育選択の自由や教育要求権、教育参加権が相当程度に承認されるべきものと考えられる。そこには、選択教科、課外活動等を主とした教育内容選択の自由だけでなく、学校給食、学校儀式等への一部不参加・拒否権も含まれると解される。

３　就学義務の履行強制と猶予・免除

学校法は、就学義務の履行を罰則つきで強制する（同法一四四条）とともに、「病弱、発育不完全その他やむを得ない事由のため、就学困難と認められる」場合には、保護者からの「願い出」に基づいて、市町村教委が就学義務を猶予または免除できる定めを設けている（同法一八条、同法施行規則三四条）。この就学義務の猶予・免除制度に関して、現行の行政運用は概して厳格であり、過去にこの制度が障害児の学校教育からの排除を容認する機能を果たしてきたことを別とすれば、行政実例では、児童・生徒の失踪、少年院・教護院（旧児童福祉法四四・四八条）への入院、帰国児童・生徒における日本語能力の欠如等の例外的・制限的な事由が挙げられるにとどまっている。

ただし、就学義務制が子どもの学習権を保障する条件整備的手立ての一つである以上、親の就学義務が猶予・免除された場合であっても、子どもに対する国の教育保障義務が同時に解除されてしまうわけではないことに注意する必要がある。また、例外的・制限的に挙げられた就学義務猶予・免除の事由は、いずれも事実上就学が困難または物理的に就学が不可能な事態にほかならず、そのような事案について殊更に就学義務の履行を求めることは甚だ理不尽であろう。元来、就学義務の不履行に刑事罰則が設けられている趣旨は、親の恣意を抑制し子どもの権利保護を図ることにあると考えられるから、こうした事案は可罰性がないものとして就学義務違反罪は成立しないと解される。就学義務の猶予・免除制度は、その対象として上述のような事態を想定するかぎり、さほど重要な制度的意義はもたないように思われる。

4　就学校指定制度と親の学校選択主張権

公立学校に関する就学校指定制度は、居住地域に応じて特定の公立学校を就学先として指定するものであり、市町村教委または都道府県教委が行う指定は、保護者に対して特定の公立学校への個別・具体的な就学義務を課す行政処分である（学校法施行令五・一四条）。

保護者は、就学校の指定変更を申し立てることができ（同施行令八・一六条）、また、当該市町村（都道府県）以外の市町村（都道府県）が設置する学校や国立・私立学校に就学させようとする場合は、区域外就学等の届出をしなければならない（同九・一七条）。さらに、障害児の就学に関する手続については、市町村教委は、就学校指定に先立って保護者および専門家の意見を聴取すべきこととされ（同一八条の二）、その際、「保護者の意見については、可能な限りその意向を尊重しなければならない」（平二五・九・一文科事務次官通知二五文科初第六五五号）とされている。これらは、子どもの身体的条件や、地域の教育条件等の個別事情を理由とする親の学校選択に関する判断が相応に重視されるべきことを前提とするものであり、国立・私立学校を選択する自由のほか、特に公立学校への就学に関しては適切な学校選択を主張する親の手続的権利を定めたものと解される。普通学校への就学を求める障害児の親の学校選択主張権も、しかるべく尊重されなければならないといえよう。(53) なお、近年、一部自治体において採用されている学校選択制が親の学校選択主張権の適用場面として評価しうるかについては、その選択基準等の実態に照らして疑問がある。

三　現行義務教育制度をめぐる立法状況

（一）教育条件整備立法の進展と義務教育国家管理の動き

わが国の現行義務教育制度に関する立法状況を概観すると、主だった条件整備関係法律は、一九五〇年代から一九六〇年代を中心に制定されている。義務教育費国庫負担法（一九五二年）、盲学校、聾学校及び養護学校への就学奨励に関する法律（一九五四年）、就学困難な児童及び生徒に係る就学奨励についての国の援助に関する法律（一九五六年）、義務教育諸学校等の施設費の国庫負担等に関する法律（一九五八年）、公立義務教育諸学校の学級編制及び教職員定数の標準に関する法律（一九五八年）、義務教育諸学校の教科用図書の無償に関する法律（一九六二年）、義務教育諸学校の教科用図書の無償措置に関する法律（一九六三年）、公立の義務教育諸学校等の教育職員の給与等に関する特別措置法（一九七一年）などの条件整備立法が着々と進められた（ただし、教科書無償措置法に教科書の広域統一採択制が規定されるなど、教育の自主性保障という観点からは必ずしも評価できない内容も含まれている）。

他方、義務教育国家管理の動きも一九五〇年代から生じており、公立義務教育学校の教職員を国家公務員化しようとする義務教育学校教職員法案（一九五三年）が国会に提出され、それが廃案となった後、義務教育諸学校における教育の政治的中立性の確保に関する臨時措置法（一九五四年）が制定された。それからしばらく間をおいて、再び義務教育に対する国家関与立法の動きが始まるのは二〇〇〇年代に入ってからであり、とりわけ義務教育内容に関する国の責任が殊更に強調されるようになってきた。二〇〇六（平成一八）年に全部改正された新教基法では、旧教基法四条にはなかった義務教育の目的規定（五条二項）が新設され、これを受けた二〇〇七年の学校法改正で、「義務教育」が新たに章立てされるとともに（二章）、いわゆる愛国心条項を含んだ一〇項目にわたる義務教育の目標が規定された（二一条）。こうした義務教育の目的・目標の法定は、教育課程の国家基準としての学習指導要領や教科書検定基準を通じてより詳細に具体化されることにより、教育の中立性確保や教育水準の維持向上を名目とした義務教育内容への国家介入を招くおそれが強く懸念されるところである。

（二）義務教育の内容的画一化と学校種別の多様化政策

義務教育として行われる「普通教育」（憲法二六条二項、教基法五条一項）は、専門教育や職業教育に対置される概念であり、教基法五条二項では、「各個人の有する能力を伸ばしつつ社会において自立的に生きる基礎を培い、また、国家及び社会の形成者として必要とされる基本的な資質を養うことを目的として行われるもの」としている。この普通教育は、必ずしもその内容が共通的・一律的でなければならないわけではなく、すべての人間の成長発達に必要な基礎的・普遍的な知識・能力を身に付けるための教育として、子ども一人ひとりの能力発達のし方や地域的状況により相応の多様性がありうるものと考えられる。[54]

しかしながら、義務教育における国の責務が強調される近年の政策的動きのもとでは、教育の機会均等と教育水準の維持・向上を名目としつつ、義務教育の内容的画一化・一律化が進められているようにみられ、これは右に述べた「普通教育」の本来的あり方に反するというべきであろう。

他方で、初等・中等教育の学校種別の多様化政策のもとで、学校法の改正により、一九九八（平成一〇）年には中・高一貫の中等教育学校（同法六三条以下）、次いで二〇一五年には小・中一貫の義務教育学校（同法四九条の二以下）が正規の学校体系内に新設されている。義務教育における教育の機会均等と教育水準の維持・向上に対する国の責務は、本来、教育条件整備の領域で果たされるべきものと考えられるが、義務教育を行う学校種別の多様化は、学校間の格差を助長し、能力主義的な差別化を招くおそれがあろう。[55]

四　多様な学び保障をめぐって―教育の自由と平等の交錯

（一）親の「普通教育を受けさせる義務」と就学義務の関係

冒頭で述べたとおり、不登校の子どもへの対応をめぐって、学校外における多様な学びの保障の必要性が近年議論されており、その原理論的な論点として、親の「普通教育を受けさせる義務」（憲法二六条二項・教基法五条一項）と就学義務の関係が問われている。すなわち、憲法・教基法上に定められた親の「普通教育を受けさせる義務」を履行する方法は、学校法に基づき、「普通教育」を行う正規の学校体系として制度化されたいわゆる一条校への就学義務という形で具体化されているが、それに替えて家庭や他の教育施設等で「普通教育」を行うことにより親の義務を履行することは、憲法・教基法上原則的に許容されえないのかという問題である。

この家庭義務教育に関しては、現行憲法上、親の教育の自由を重視する立場から一定の条件のもとにこれを広く容認すべきものとする見解が、憲法学者を中心に少なからぬ支持を得ている。[56] 現行法制上の就学義務制には、その原理的裏づけとして、すべての子どもの学習権を均等な条件で実現しようとする教育における平等保障の観念があるとみられるから、この議論は本質的に教育の自由と平等という二つの要請が交錯する場面と捉えることができる。なお、教基法一〇条は、「家庭教育」という条項のもとで子の教育に対する親の第一義的責任を定めており、その観点からも家庭義務教育の現行法制上の許容性いかんが検討の対象となりえよう。

（二）家庭義務教育の許容性と専門的教育水準・内容の保障

1　就学義務猶予・免除の「その他やむを得ない事由」の解釈問題

就学義務の履行が困難な場合に学校以外の家庭等でそれに代替する教育を行おうとする際、現行学校制度のもとでは、まず就学義務の猶予・免除が認められる「病弱、発育不完全その他やむを得ない事由」（学校法一八条）に当たるかが問題になりうる。先述のとおり、従来の行政運用では「その他やむを得ない事由」を例外的なものとして厳格に解釈してきたとみられるが、不登校の状態にある子どもについても、学校へ通学して教育を受けることが事実上困難なため、学校以外の場（フリー・スクール、ホーム・エデュケーションなど）に安心できる学習環境を確保することが必須となるような事案が少なからず存在するものと考えられる。その場合、不登校の子どもに対しては多分に、必ずしも学校に復帰することを前提としない計画的かつ継続的な教育指導が求められることとなる。したがって、不登校の子どもに対する学習権保障と教育支援の必要性に鑑みて、就学義務の猶予・免除事由をより柔軟に解釈することは十分に可能といえよう(57)。

2　思想的・宗教的理由に基づく学校教育拒否の許容性

他方、親が、何らかの思想的ないし宗教的理由から学校教育を忌避し、学校以外の場で「普通教育」義務を履行する選択を行うことが一般的に許容されうるかについては、大いに検討を要するように思われる。

第一に、親自身の思想・信条や宗教的信仰に基づく意向・判断が子どもの最善の利益と必ずしも一致するとはかぎらないことが問題となろう(58)。第二に、学校教育に代わる家庭義務教育が選択的に容認されるには、学校教育と同等の専門的水準・内容の教育が保障される必要があると考えられる。それを担保するため、家庭義務教育を容認する要件（成績評価等の教育効果の測定方法を含む）を定め、具体的事案ごとにその充足の有無を審査するとした場合、一体どのような要件のもとに、いかなる機関が審査することになるのであろうか。[59]この点、欧米における家庭義務教育が親の宗教教育の自由の歴史的形成を背景として発展し、また学校教育への国家的な拘束性が比較的に緩い法制状況にあるとみられるのに対して、わが国では、そのような親の宗教的自由の伝統が弱く、教員資格、教育課程（学習指導要領）、教科書等に対する国家統制が厳しい実状を考慮すると、家庭義務教育において、学校教育と同等の水準・内容を均等な条件で確保するのは相当にハードルが高いのではないかと思われる。

逆に、家庭義務教育に学校教育との同等性を殊更に求めた場合には、現在は不登校の子どもの受け皿ともなっているフリー・スクール等の長所を大きく減殺し、また家庭教育への国家的な介入に道を開くおそれもある。したがって、家庭義務教育の一般的な許容性については、なお克服すべき難題が多く存在するといえよう。

（三）学校における多様な学び保障の可能性―学校教育の解体か、学校改革か

本章の冒頭に記した「多様な学び」を保障する法律の制定を目指す動きをめぐって、その法制化をサポートする立場から、わが国の義務教育法制の現状を硬直的と批判し、教える側の論理に支配された権力的、集団主義的、画一的な日本の学校教育体制からの解放を唱える議論も生じている。[60]そのような問題指摘は、学校教育の現実的評価としては首肯できないではないが、他方で、そうした実状は必ずしも学校教育自体の本質に由来するものとはいえまい。また、多様な学びを本格的に保障するには本来多様な教育の場が必要となるはずであるから、もし学校がそうした教育に不適格であり、不登校に至らない子どもたちにも多様な教育の場が開放されるべきものとすれば、究極的には学校教育の解体にも繋がりかねないであろう。

以上、本章で検討してきた諸点を考慮すると、現行義務教育法制における学校教育の現状をもっぱら固定的・静態的に捉えて、〝学校教育に不適合〟な子どもの権利保障を家庭義務教育として一般制度化する方向での議論

には、多大な問題があるように思われる。現在の学校教育が子どもの多様な学びを阻害しているのだとすれば、むしろ〝子どもに不適合〟な学校教育の改革こそが追求されるべきであろう。歴史を通じて社会に定着してきた学校教育には、専門性・総合性を備えた知識教育をはじめ、集団的なコミュニケーション能力の育成や組織的な教育体制等の面で特性があり、そうした利点を生かしつつ、学校における多様な学び保障を実現していくことが今日の焦眉の課題といえる。そうした観点から、少人数学級の実現のほか、学習指導要領の拘束的運用の撤廃、教科書検定・採択制度の見直し、親の教育参加制度を含む学校の教育自治の推進等の諸改革に着実にとりくんでいくことが求められる。

(42) 西原博史「就学義務から『多様な学び保障』へ―義務教育段階における国家の役割と子どもの学ぶ権利」日本教育法学会年報四五号（二〇一六年）七五頁。同報告によれば、学習指導要領にがんじがらめに拘束され、画一化・一元化された集団教育の枠組みのもとで、教える側の論理に支配された一条校による権力独占的な日本の公教育体制のもとで、すべての子どもの特性と意思に沿った成長環境を確保することには無理があり、就学を絶対的な標準と考える思考枠組みの変革が必要とし、不登校の子どもたちに生じている権利剥奪状況に国民の教育権論が共犯関係にないか否か、深刻な反省を求められるとする（七六～七八頁）。

(43) 参照、成嶋隆「公教育の無償性原則の射程」日本教育法学会年報四一号（二〇一二年）一二二頁。

(44) 兼子・前掲書注（6）七〇～七一・七八～七九頁など参照。

(45) 兼子・同右八六・一三八～一四一頁、堀尾輝久『現代教育の思想と構造』（岩波書店、一九七一年）一七五～一七八・三〇一～三〇三頁など参照。

(46) 結城忠『日本国憲法と義務教育』(青山社、二〇一二年) 三四〜三八頁の分類による。
(47) 明治憲法下の日本では、一八七九(明治一二)年教育令、一八九〇(明治二三)年および一九〇〇(明治三三)年の改正小学校令等で就学に代わる家庭その他での教育が法制上容認されていたが(一九四一(昭和一六)年国民学校令により廃止)、これは就学率が極めて低かった当時の就学実態を考慮した現実的要請によるといわれている(結城・同右九・三五頁)。
(48) 結城・前掲書注(46)三六頁は、明治憲法下の日本は基本的にこの類型に属していたとする。ただし、公立学校を本則としつつ、代用としての私学就学も一八九〇(明治二三)年から一九〇七(明治四〇)年まで小学校令で認められていた。平原春好「戦前日本の義務教育法制」有倉遼吉教授還暦記念『教育法学の課題』(総合労働研究所、一九七四年)一五八〜一六〇頁参照。
(49) 米沢広一「義務教育と家庭教育―アメリカ教育法研究(1)」大阪市立大学法学雑誌三九巻三・四号(一九九三年)一六九〜一七三頁。
(50) 兼子・前掲書注(6)八七・九七〜九八頁。
(51) 学校制度的就学義務について、詳しくは本書二三三〜二三四頁を参照。
(52) 兼子・前掲書注(6)二〇八〜二〇九頁。
(53) 親の学校選択主張権について、詳しくは本書二四三頁を参照。
(54)「普通教育」について、例えば日本教育法学会編『教育法学辞典』(学陽書房、一九九三年)は「一般国民が日常の社会生活において必要とする基礎的な知識・技能を授ける教育」(柴田義松執筆)とし、神田修・兼子仁編『教育法規新事典』(北樹出版、一九九九年)は「すべての人間の成長発達に普遍的に必要とされる共通の教育」(世取山洋介執筆)と定義している。
(55) その政策的問題の検討につき、谷口聡「『学校体系の複線化』政策の現代的特徴と課題」日本教育法学会年報四五号(二〇一六年)六四頁参照。なお、山本由美「『多様な教育機会確保法』は何のため」季刊人間と教育八七号(二〇一五年)八二頁、石井拓児「福祉国家における義務教育制度と学校づくり――『多様な教育機会確保法案』の制度論的・政策論的検討」日本教育政策学会報年報二三号（二〇一六年）は、同様の視点から多様な学び保障法制化の動きを批判的に分析する。

(56) 中村睦男「通学の義務」奥平康弘・杉原泰雄編『憲法学2』（有斐閣双書、一九七六年）一九〇～一九一頁、松井茂記『日本国憲法［第三版］』（有斐閣、二〇〇七年）五〇一頁、米沢広一『憲法と教育15講［第三版］』（北樹出版、二〇一一年）一七九頁、中川明『寛容と人権』（岩波書店、二〇一三年）一九三頁以下、廣澤明「教育法の理念と構造」姉崎洋一ほか『ガイドブック教育法［新訂版］』（三省堂、二〇一五年）一〇～一一頁など。

(57) 同旨、結城・前掲書注(46)四一頁以下。

(58) 今野健一「教育を受ける権利」杉原泰雄編『新版体系憲法事典』（青林書院、二〇〇八年）六三八頁は、家庭教育の承認が子どもの学習権保障を危うくする可能性を指摘する。

(59) 中村・前掲論文注(56)一九一頁は「義務履行のために一定の条件が定められ、また教育効果についても審査がなされる必要があろう」と述べ、松井・前掲書注(56)五〇一頁は「与えられるべき『普通教育』の内容については、国が一定の要件を定めることが許される」とし、西原・前掲論文注(42)八三頁も「公権力機関がコントロールを引き受けることは不可避となる」としている。なお、米沢・前掲論文注(49)は、家庭義務教育における教員資格、カリキュラム、標準テスト受験、州による承認・監督等の要件に関して、アメリカの判例・学説の動向を紹介している。

(60) 西原・前掲論文注(42)七八頁。

初出一覧

第一部　教育の自由と教育行政権の限界

第一章　教育基本法が定める教育への「不当な支配」禁止の意義
・「教育行政（第一〇条）」（日本教育法学会編・法律時報増刊『教育基本法改正批判』日本評論社、二〇〇四年）
第二章　自治体行政による「不当な支配」の問題
・「自治体行政による『不当な支配』」（日本教育法学会編『教育法の現代的争点』法律文化社、二〇一四年）
第三章　教科書検定と国民の教科書作成の自由―教科書第一次訴訟・東京高裁判決をめぐって
・「教科書検定と国民の教科書作成の自由―教科書第一次訴訟・東京高裁判決をめぐって」（教育四七〇号、一九八六年）
第四章　教科書採択権の所在をめぐる現行法の解釈問題
・「教科書採択権の所在をめぐる現行法の解釈問題」（季刊教育法一三二号、二〇〇二年）
第五章　自治体行政における教育課程管理権の根拠と限界―〝日の丸・君が代裁判〟に寄せて
・「地方教育行政における教育課程『管理権』の根拠と限界―日の丸・君が代裁判に寄せて」（神奈川ロージャーナル二号、二〇〇九年）

第二部　教育の地方自治と教育行政権の役割

第一章　学校の自治と教育委員会の管理権

・「学校自治と教育委員会の管理権」一～三（日本教育法学会編『講座教育法』五巻、総合労働研究所、一九八一年）

第二章　学校管理規則の法的意義・性質とその教育法的問題点

・「学校自治と教育委員会の管理権」四（日本教育法学会編『講座教育法』五巻、総合労働研究所、一九八一年）

・「学校管理規則の法的性質とそのはたらき」（高校教育制度と自治史研究会編『管理運営規則と学校自治』㈶神奈川県高等学校教育会館、二〇〇八年）

第三章　分権改革と教育の地方自治

・「分権改革と教育の地方自治」（市川須美子・安達和志・青木宏治編『教育法学と子どもの人権』三省堂、一九九八年）

第四章　教育委員会制度と教育における直接責任の原理

・「教育委員会制度と教育における直接責任の原理」（日本教育法学会編『講座現代教育法』3巻、三省堂、二〇〇一年）

第五章　地教行法の変遷と教育委員会制度

・「地教行法の変遷と教育委員会制度」（日本教育法学会年報四〇号、有斐閣、二〇一一年）

第三部　情報人権の保障と教育法の課題

第一章　情報化社会と教育法

・「情報化社会と教育法」（永井憲一教授還暦記念『憲法と教育法』エイデル研究所、一九九一年）

第二章　学校情報の公開と教育参加

・「学校情報の公開と教育参加」（神田修編『教育法と教育行政の理論』三省堂、一九九三年）

第三章　学校情報の開示と生徒の個人情報権

・「学校情報の開示と生徒の個人情報権」（日本教育法学会年報二四号、有斐閣、一九九五年）

第四章　子どもの「健全育成」と個人情報の外部提供

・「子どもの『健全育成』と関係機関が保有する個人情報―児童・生徒の個人情報の外部提供」（自治体法務研究一六号、二〇〇九年）

第五章　情報公開・個人情報保護と学校公文書の管理

・「情報公開・個人情報保護と学校公文書の管理」（高校教育制度と自治史研究会編『情報公開・個人情報保護と学校自治』、㈶神奈川県高等学校教育会館、二〇一二年）

第四部　子どもの学習権保障と義務教育制度

第一章　一九七九年養護学校「義務」制施行と障害児の「就学義務」論

・「障害児をめぐる『就学義務』論の再検討―一九七九年養護学校『義務』制施行に関連して」（季刊教育法三九号、一九八一年）

第二章　義務教育制度の教育法原理的検討

・「義務教育制度の教育法原理的検討―就学義務の法的性質論を中心に」（日本教育法学会年報四六号、有斐閣、二〇一七年）

あとがき

教育はすぐれて子どもの人間的な成長・発達を促す営みであり、それをサポートしてより良い教育条件を整えていくことが何よりも国や自治体の教育行政に求められる役割であると筆者は考えている。本書に収められた論考に通底する筆者の思いは、教育と教育行政とを法的に明確に峻別することにある。教育法制に関する研究は、明治期に行政法各論の一つである「教育行政法」の中に位置づけられ、そこでは旧来の行政法総論における法的思考や法論理がそのまま教育行政の分野にも基本的に及ぶことが当然視されていた。この見方は、第二次大戦後の大規模な教育改革を経て変革を遂げた現行教育法制のもとにおいても、今日に至るまで、教育行政実務担当者の間では完全には払拭しきれていないのではないかと筆者には感じられる。とりわけ公立学校教育に関して、国から教育委員会、さらに学校長を経て教師に至るまでを上命下服的関係と捉え、学校を行政的な出先機関であるかのようにみて指揮監督の対象とするような行政解釈が今なお通用していることに、その一端が表れている。教師との人間的な触れ合いを通じて子どもの学習権を保障する場である学校は「教育機関」であり、その運営には相当程度の自主性・主体性が確保されなければならない。そのような観点から、教育と教育行政とがなぜ峻別されなければならないかを法論理的な筋道にそって論じたいと考え、本書の題名を「教育と教育行政の法理論」とした所以である。各論考の記述からその思いを読みとっていただけたならば、まことに幸いである。

なお、近年の教育裁判においても、国や教育委員会の主張の中には、法律による行政や手続的な公正の確保などをめぐって、行政法的観点からみても首を傾げたくなるような解釈の表明が少なからずある。前述の指摘とはやや矛盾するように思われるかもしれないが、最近の行政法の研究は行政手続法（一九九三年）、行政機関情報公開法（一九九九年）等の制定を経て飛躍的に進展しており、その水準から教育行政の実務は大きく出遅れているように感じられる。教育法は教育学と法学の学際的分野であり、法学分野に限っても憲法・民法・刑法のほか、行政法、社会福祉法等の領域に跨っている。現行教育法制をめぐる法律問題の多くが教育行政のはたらきと関係しているという点で、筆者にとっては、行政法の研究を通じて培った素養や知見が、教育法の解釈問題へのとりくみに多分に役立ったように思う。その意味で、今後とりわけ若手・中堅の行政法研究者の皆さんにはぜひとも積極的に教育法に関心をもっていただき、さらには第二専門として教育法の研究に参入してくださる方が輩出することを心から期待して、結びの言葉としたい。

[プロフィール]
安達 和志(あだち かずし)

〔略歴〕
1952年 宮城県生まれ
1976年 早稲田大学法学部卒業
1983年 東京都立大学大学院社会科学研究科博士課程単位取得
満期退学
神奈川大学法学部専任講師、同助教授、同教授を経て
2004年 神奈川大学大学院法務研究科教授(~2019年)
現 在 神奈川大学法学部教授

〔主要著書〕
『教育法学と子どもの人権』(共編著、三省堂、1998年)
『ホーンブック行政法』(共著、北樹出版、2016年)

神奈川大学法学研究所叢書第 34 号

教育と教育行政の法理論

2021 年 3 月 31 日　初刷発行

著　者■安達　和志
発行者■大塚　孝喜
発行所■株式会社 エイデル研究所
〒 102-0073　東京都千代田区九段北 4-1-9
TEL. 03-3234-4641／FAX.03-3234-4644
装丁デザイン■ウームデザイン株式会社
本文ＤＴＰ■大倉　充博
印刷・製本■シナノ印刷株式会社

ISBN 978-4-87168-663-1 Printed in Japan
（定価はカバーに表示してあります）